DEFENSORÍA DE INDIOS

CARLOS R. CONSTENLA

Defensoría de Indios

Una singular institución colonial hispanoamericana

ASTREA

BUENOS AIRES - BOGOTÁ - PORTO ALEGRE - SANTIAGO - ASUNCIÓN

2022

Constenla, Carlos R.
Defensoría de Indios / Carlos R. Constenla
1ª ed. - Ciudad Autónoma de Buenos Aires: Astrea, 2022.
192 p.; 23 × 16 cm.

ISBN 978-987-706-411-7

1. Historia del Derecho. I. Título.

CDD 340.09

Imagen de tapa: Brumidi, Constantino, 1876, *Bartolomé de las Casas*, óleo sobre yeso, Capitolio de Estados Unidos de América). En él, Brumidi muestra al sacerdote en su escritorio con un compañero indio, mirando por una ventana a los pueblos nativos cuya esclavitud denunciaba.

Astrea está indexada como Editorial de Calidad Científica con Claro Prestigio Internacional (Fondecyt).

Lavalle 1208 - (C1048AAF) Ciudad de Buenos Aires
(54-11) 4382-1880 - 0800-345-ASTREA (278732)
www.astrea.com.ar - editorial@astrea.com.ar

La edición de esta obra se realizó en Editorial Astrea, y fue impresa en su taller, Berón de Astrada 2433, Ciudad de Buenos Aires, en la segunda quincena de marzo de 2022.

Queda hecho el depósito que previene la ley 11.723
IMPRESO EN LA ARGENTINA

A mis nietos
Tomás, Julieta, Matías y Nicolás,
y a mi bisnieta Pía Valentina,
por un futuro sin conquistadores ni conquistados,
sin dominadores ni dominados.

Una sociedad se define no solo por su actitud ante el futuro sino frente al pasado: sus recuerdos no son menos reveladores que sus proyectos.

Octavio Paz

JUSTIFICACIÓN

Este breve trabajo no aspira más que a contribuir al conocimiento de una singular institución que, si bien fue objeto de variados y enjundiosos estudios monográficos por parte de muchos historiadores del derecho, no ha sido debidamente tenida en cuenta cuando se indaga en los antecedentes y raíces de las defensorías del pueblo. Debo decir que en nuestra *Teoría y práctica del Defensor del Pueblo*[1], no comentamos ni aludimos a las defensorías de indios.

La razón de esta omisión posiblemente obedezca a la pertinaz adscripción de la doctrina a la figura del *ombudsman* clásico europeo, cuyo principal cometido y función es la de obrar como órgano de control de las funciones administrativas del gobierno. Lo que sucede es que la responsabilidad de controlar a los gobernantes en las Indias estaba encomendada a las audiencias que reunían en sí diferentes competencias de índole jurisdiccional, de supervisión de las funciones de la administración y de vigilancia de la conducta de los que las desempeñaban en todos las escalas. No es de extrañar entonces que no se haya considerado a las defensorías de indios como un antecedente significativo de las defensorías del pueblo. Pudo haber incidido también alguna hilacha de la Leyenda Negra española[2] siempre muy pre-

[1] CONSTENLA, *Teoría y práctica del Defensor del Pueblo*, Madrid, Reus; Bogotá, Themis; Bs. As., Zavalía; México, Ubijus, 2010.

[2] De hecho, RAMIRO DE MAETZU dice que la leyenda negra se originó con las denuncias de BARTOLOMÉ DE LAS CASAS sobre la situación de los aborígenes por efecto de la conquista y la colonización [*Defensa de la Hispanidad* (1934),

sente a la hora de ponderar el valor de una institución del antiguo régimen por considerársela insuflada de fanatismo inquisitorial[3].

Como se verá, su fundamento está en el derecho romano y su aparición en América fue producto de una elaborada doctrina que tuvo sus mejores luces en Salamanca a través de FRANCISCO DE VITORIA, y su más fiel abanderado en BARTOLOMÉ DE LAS CASAS. La existencia de las defensorías de indios no puede ser ignorada porque su creación fue un posicionamiento en defensa de la dignidad humana en las condiciones que esa valoración podía tener en el siglo XVI. Por lo demás –y esto no es poco–, no fue solo un pensamiento declamado, sino que alcanzó a ser recogido en el derecho escrito.

No viene al caso anticiparnos a responder a los que tienen una limitada visión *ius* positivista de las defensorías del pueblo y le niegan ese carácter a las que no se ajustan a los principios de manual de lo que es un *ombudsman* nordeuropeo, porque a pesar de que las defensorías de indios no hubieran existido sin el marco de una conquista violenta y que no tuvo reacciones semejantes a favor de los africanos traficados como esclavos, existieron realmente, y se ocuparon por la vida y los derechos de personas muy duramente sometidas al poder de la fuerza.

No tiene explicación tampoco la poca atención que mereció de tratadistas o autores que abordaron en obras de calado y envergadura la complejidad del derecho indiano, sobre todo si se tiene en cuenta que este instituto había concitado la atención de juristas de los siglos XVI y XVII. Entre ellos los hay que le restan importancia y otros, los más, que lo ignoran.

Bs. As., Poblet, 1942 p. 110). Lo mismo dice el Diccionario Enciclopédico Espasa Calpe (edición de 1957).

[3] Sobre este tema, ver TCHERBBIS TESTA, JIMENA, *La representación de la inquisición española en las obras de Domingo Faustino Sarmiento y Vicente Fidel López: el legado colonial y el imaginario nacional*, en PolHis, Revista Bibliográfica Interuniversitaria de Historia Política, Mar del Plata, año VII, nº 14, jul. - dic. 2014, p. 419 a 454.

Ocuparnos de defensores de indígenas en la situación y en el tiempo en que existieron, será útil para llevar nuestra mirada más lejos y favorecer de esa manera una interpretación menos dogmática de las defensorías del pueblo y al mismo tiempo denunciar la secular invisibilidad de los derechos de los pueblos indígenas. Nuestro continente latinoamericano, llamado muchas veces "la tierra de la esperanza", entre otras razones porque a su alrededor se imaginaron todas las utopías del pasado, presenta dos notorias particularidades: ser la región socialmente más desigual del planeta y la que está más en deuda con sus pueblos originarios. ¿Será también por eso que se lo llamó el continente del tercer día de la creación? La paradoja latinoamericana que permite converger la democracia con la desigualdad, no tiene otra explicación que la desventurada experiencia de un sistema político en el que la democracia liberal, en lugar de promover la participación social, legitima la inequidad y es legitimada por ella[4]. Debemos decir también que, habiendo sido la liberación indígena uno de los estandartes de la revolución emancipadora, por lo menos de parte de sus sectores más ilustrados y progresistas, no solamente se han visto frustrados esos objetivos, sino que, ciertamente, en muchos aspectos han recorrido el camino inverso, es decir, empeoraron.

En el intento por atenuar los negativos efectos políticos de esta realidad, aparecen las defensorías del pueblo. Sus procedimientos informales y directos, sus posibilidades en favorecer acciones participativas, y las seguridad que anuncia ser autónoma e independiente de la política, son vistas por los sectores que sienten que no tiene voz ni fuerza suficiente para hacer valer sus derechos y que procuran transformar su desesperanza en algunas certezas, como un instrumento reparador que escucha y puede proponer alternativas para alcanzar objetivos más justos. Como las tu-

[4] BURCHARDT, HANS JÜRGER, *¿Por qué América Latina es tan desigual? Tentativa de explicación desde una perspectiva inusual*, en "Revista Nueva Sociedad", Bs. As., may.-jun. 2012, nº 239, p. 139.

vieron los naturales de América cuando tomaron conciencia que existían defensorías de indios, y buscaron a través de ellas la justicia que se les negaba. Es cierto también que no podían funcionar como debían más allá de su voluntad, porque el sistema colonial de por sí injusto, arbitrario y violento, no puede compensar ningún derecho por medio de un instituto ética y jurídicamente concebido como es una defensoría popular. Pero el intento estuvo y por eso vale. De allí el sentido que tiene acercar a los estudios sobre las defensorías del pueblo, el desarrollo de esta institución que existió cuando no se conocían los derechos humanos, y que en cierto modo dejó vislumbrar una huella, sin que lo imaginara nadie. También vale para considerar el estado de la situación, cuando aquella institución dejó de existir y los pueblos indígenas vivieron, desde otra perspectiva, un penoso destino.

En este trabajo se emplean indistintamente las denominaciones defensorías y defensor de indios o protectorías y protector de indios porque de ambos modos se las conocía a pesar de que ciertamente no son denominaciones sinónimas.

Achirana Huasi, Calamuchita, Córdoba, otoño de 2021.

CARLOS R. CONSTENLA

ÍNDICE GENERAL

I

INTRODUCCIÓN CON REFERENCIAS A ANTECEDENTES INCÁSICOS

Un antecedente válido para considerar a las defensorías del pueblo en Latinoamérica, es el de la Defensoría de Indios, más conocida históricamente como Protectoría de Indios. Se trata de una institución establecida después de la conquista de América que, con diferentes formas y objetivos, perduró en algunos lugares hasta el fin de los tiempos coloniales. Sin embargo, no existen plenas ni suficientes certezas en torno a su naturaleza, porque más allá de su propia endeblez *ratio iuris*, evidenció muchas veces, dudas y contradictorias interpretaciones para definir su perfil y sus funciones. Para ejemplificarlo leamos a Francisco Marroquín, que fue protector de indios siendo obispo de Guatemala hacia 1537, pidiéndole al rey que le aclare el alcance de sus competencias: "Por lo que toca al buen tratamiento de los naturales V. M. me encomendó la protección hará tres años, y por eso quise yo entender en lo que me convenía para su real descargo y para mi buena cuenta y nunca hallé favor en la justicia mayor ni menor, ni en el regimiento. Los que gobiernan no querían que hubiese protectores ni otro ninguno que pudiese tener poder de S. M., y atento a tasar los indios dijéronme que la provisión no se extendía a tanto. Sobre ello escribí a S. M. para que se aclarase y se alargase más la provisión [...] Es menester se aclare qué cosa es ser protector y a qué se extiende, y que en lo que es o fuere a mi cargo, no se entrometan ni puedan entrometer, ni me impedir la jus-

1. Constenla.

ticia ni el gobernador, y también porque yo no me extiendo a lo que no es mío"[1].

Además de confusiones, la rogativa del obispo de Guatemala revelaba lo poco dispuesto que estaban los conquistadores-colonizadores a cumplir con las Leyes de Indias, y se infiere, sobre todo, que no aceptaban que nadie, ni siquiera a nombre del rey, defendiera a los naturales.

Como venimos diciendo, en este como en otros casos, fue en general escaso el interés por indagar sobre instituciones que pudieran ser consideradas referencias indicativas. Los antecedentes de una institución no son únicamente un registro del pasado[2]; no siempre es historia del derecho; pueden ser la raíz del derecho vivo; se trata de una ponderación cultural que identifica, interpreta y de ese modo asegura la efectiva realización de sus propósitos originales y su actual razón de ser.

Debe tenerse presente que hubo una marcada influencia romanista en el derecho latinoamericano a través de la península ibérica, espacio en el que tuvo fuerte y temprana asimilación. Nuestros regímenes jurídicos, nuestra doctrina y jurisprudencia forman parte de esa tradición romanística y así quedan trazados los rasgos de una unidad cultural que antes que, por cualquier otra razón, sea lingüística, religiosa o étnica, define una compartida y ambiciosa aspiración de integración y unidad continental, por más que a algunos o a muchos no les parezca así. Esta alineación jurídica con el *ius commune*, alentó la identificación en este espacio regional, de un modelo propio de defensoría del pueblo que entronca entre muchos ejemplos con las defensorías de indios y con la justicia de Aragón[3].

[1] MARROQUÍN, *Cartas y testamento*, p. 5.

[2] Según FAULKNER, el pasado no está muerto, ni siquiera es pasado, según nos recordó varias veces JAVIER CERCAS en *El impostor*.

[3] En América Latina se puede considerar así al tribunado propuesto en el primer proyecto de Constitución para las Provincias Unidas del Río de la Plata (1811); el protector de la Nación en los "Puntos de nuestra Constitución" para México, redactados por IGNACIO LÓPEZ RAYÓN; el *Juiz do Povo* para defen-

El influjo romanista habilitó audacias interpretativas como aquella de ENRIQUE DE GANDÍA cuando dice con alguna socarronería que RAMÓN LLULL, "en Montpellier, en 1283, exhibía el título de Protector de Infieles: nombre y función que, en la conquista de América, corresponderían a los protectores de indios"[4].

Es evidente que las raíces del defensor o protector de indios no son autóctonas; es decir, no se trata de una institución con arraigo en la misma América. Sin embargo, al menos en el antiguo Perú, se pueden evocar algunas funciones de control en la administración y en cierto modo de protección a las personas, aunque claramente con diferentes propósitos, considerando la situación jurídica y social de la población a la que protegía.

Esta interpolación –que responde también a la escasa consideración que merecieron esas funciones por parte de quienes intentaron historiar órganos de control, que podrían ser interpretados como cercanos a las defensorías del pueblo– ayudará a comprender algunas características locales que se han observado en el Virreinato del Perú. A diferencia de otros territorios de la América española, hubo allí mayor litigiosidad y cierta familiaridad nativa con trámites de esta naturaleza.

Refiriéndose a aquellas singularidades andinas en procura de una "buena administración", revela con más entusiasmo que certezas un memorial del año 1671 de NICOLÁS MATÍAS CAMPO Y LARRINAGA, la existencia de algunos precedentes incaicos del protector de indios (folios 1 y 2). Bajo un "protector general" que elegían los incas –según el autor

---

der al pueblo y "socorrer la inocencia ofendida" por casos de opresión, según el proyecto de JOSÉ DE SOUZA E MELLO y la Defensoría de Pobres de San Luis Potosí, de PONCIANO ARRIAGA, el más acabado modelo de una defensoría del pueblo (ver CONSTENLA, *Identidad latinoamericana. La universidad y el rol de los abogados en Roma y América. Diritto Romano Comune*, "Rivista di Diritto Dell'Integrazione e unificazione del Diritto in Eurasia e in America Latina", nº 35, p. 372).

[4] DE GANDÍA, *España en la conquista del mundo*, p. 227.

del memorial–, en cada provincia, se desplegaba una organización piramidal y jerárquica de protectores por fracciones de población –cada 1.000, 500, 100 y 50 vecinos– hasta llegar a unos decuriones que ejercían de protectores y fiscales. Según la interpretación de DEL CAMPO Y DE LA RYNAGA, los protectores de indios de la época colonial habrían sido continuadores directos de las estructuras administrativas indígenas[5].

En la misma época en que elevaba su memorial DEL CAMPO Y DE LA LARRINAGA, el inca GARCILASO hacía referencia al *túcuricoy* peruano: "Para que los governadores y juezes no se descuidassen en sus oficios, ni cualesquiera otros ministros menores, ni los de la hazienda del Sol o del Inca en los suyos, havía veedores y pesquisidores que de secreto andavan en sus distritos viendo o pesquisando lo que mal hacían los tales oficiales, y davan cuenta dello a los superiores a quien tocava el castigo de sus inferiores para que lo castigassen. Llamávanse *túcuyricoc*, que quiere dezir el que lo mira todo"[6]. El inca GARCILASO DE LA VEGA era mestizo y guardó siempre –a pesar de su definitiva residencia andaluza y de su condición de capitán español y finalmente clérigo– una gran consideración y respeto por las tradiciones de la historia del pueblo materno, y muchas veces exaltó su cultura entonces sometida al poder hispánico. Buen ejemplo de ello es la siguiente apostilla moral, a la descripción del *túcuricoy*: "Cualesquiera juez o governador o otro ministro inferior que se hallasse no haver guardadado justicia en su judicatura o que huviese hecho cualquiera otro delicto, era castigado más rigurosamente que cualquiera otro común en igual delicto, y tanto más rigurosamente cuanto más superior era su ministerio, porque dezían que no se podía sufrir que el que havía sido escogido para hazer justicia hiziesse

[5] Tomado de CUENA BOY, *Utilización pragmática del derecho romano en dos memoriales indianos del siglo XVII sobre el Protector de Indios*, "Revista de Estudios Históricos Jurídicos", t. XX, p. 125 y 126.

[6] GARCILASO DE LA VEGA (El Inca), *Comentarios reales*, Libro segundo, Capítulo XIV, t. II, p. 134.

maldad, ni que hiziesse maldad, ni que hiziesse delictos el que estava puesto para castigarlos que era ofender al Sol y al Inca que le havía elegido para fuese mejor que todos sus súbditos"[7].

Igualmente habla del *túcuricoy* FRANCISCO FALCÓN DÍAZ, jurista español afincado en el Cuzco donde ejerció destacadamente como defensor de naturales: "También había otros jueces que llamaban *túcuiricos,* que quiere decir, todo lo mira o veedores y eran de fuera de la provincia; entendían en los negocios de la justicia, unas veces junto con los hunos y curacas, y otras veces sin ellos; no se puede entender en qué casos había estas dos diferencias, ni si era con orden o acaso. Los cuales eran como jueces de comisión o pesquisidores, o más propiamente visitadores y ni eran perpetuos, ni se heredaban, y estos ponían teniente, donde les parecía que era menester que llamaban *michues*"[8].

FELIPE GUAMÁN POMA DE AYALA, indígena peruano del siglo XVI, autor de una singular epístola al rey de España en la forma de un libro conocido como *Nueva corónica y buen gobierno,* dice que Topa Yupanki, undécimo inca (décimo en realidad) creó un cargo con el nombre de *tocrinoc,* "mandamos que ayga en cada provincia para la buena justicia un corregidor que le llamaron tocrinoc" en alusión ciertamente al *túcuricoy*[9].

LOUIS BAUDIN afirma que en el imperio de los incas se conocieron controles llevados a cabo por agentes que recogían quejas y reclamos por los abusos en que podrían incurrir algunos funcionarios, pero sin facultad de imponer penas[10].

[7] GARCILASO DE LA VEGA (El Inca), *Comentarios reales,* Libro segundo, Capítulo XIV, t. II, p. 134.

[8] FALCÓN, "Representación hecha en concilio provincial sobre los daños y molestias que se hacen a los indios", en *Colección de libros y documentos referentes a la historia del Perú,* t. XI, p. 147.

[9] GUAMÁN POMA DE AYALA, *Nueva crónica y buen gobierno,* foliaturas 183 o 185, t. I, p. 130. Dejamos constancia que consultamos la reproducción facsimilar del texto por cuanto hemos leído versiones que llama al "corregidor", según transcribimos, como "protector de indios", lo que no se pudo verificar en el original.

[10] LOUIS BAUDIN, *El imperio socialista de los incas,* p. 196.

De los textos expuestos y de las investigaciones de BAUDIN, se desprende que los *túcuiricoy* eran designados por el inca, por un período determinado, en cargos no hereditarios. Actuaban en secreto y siempre en una provincia que no fuese la suya, y solo recomendaban la aplicación de alguna sanción para un gobernante o juez, cuando había causa para ello por haberse extralimitado o su función ejercida con abuso. Los españoles en su afán de asimilar lo que veían en América con lo que conocían de su tierra, identificaron a estos magistrados como visitadores, veedores o pesquisidores, figuras reconocibles en las instituciones civiles y eclesiásticas hispánicas.

De todos modos, estos valiosos antecedentes están lejos de acreditar vinculación con las defensorías de indios, que fueron pensadas en otro tiempo y lugar: durante un encuentro del regente de Castilla, FRANCISCO DE CISNEROS, con fray BARTOLOMÉ DE LAS CASAS, posiblemente en Alcalá de Henares, en 1516.

Por último, para cerrar esta introducción, corresponde señalar que esta singular institución, pensada especialmente para América, existió también en Filipinas, aunque por corto tiempo: entre 1589 y 1599. Sobre esa frustrada experiencia en aquella lejana colonia del sudeste asiático, dice PATRICIO HIDALGO NUCHERA: "Mi tesis es que, paulatinamente y en un breve espacio de tiempo (1589-99), la labor práctica del protector de indios en el archipiélago magallánico fue socavada en detrimento de intereses superiores coloniales: en Filipinas era absolutamente necesaria la explotación de los naturales para cortes de madera y para el remo de las embarcaciones que unían las diferentes islas de la presidencia-gobernación, aún más en una época –principios del siglo XVII– en que los holandeses amagan con tomar Manila"[11]. Esta explicación –dejando de lado el genuino cono-

[11] HIDALGO NUCHERA, *Origen y desactivación de la Protectoría de Indios en la Presidencia - Gobernación de Filipinas*, "Revista Española del Pacífico", nº 8, 1998, p. 233.

cimiento de su autor con relación a la Filipinas colonial–, no parece suficiente como para entender y menos aún justificar la brevedad de su existencia, sobre todo si se tiene en cuenta, comparativamente, su perdurable vigencia en las colonias americanas.

II

LA CONQUISTA DEL NUEVO MUNDO

Cuando hubo certeza de que las "islas y tierra firme de la mar océano" conquistadas en 1492 por España, no era la lejana Asia Oriental, sino un "Nuevo Mundo", según dijo Américo Vespucio, la corona española se planteó si, además de satisfacer demandas comerciales derivadas de una nueva realidad política internacional, se abrían posibilidades de emprender otros objetivos.

La llegada de Colón a América, y su toma de posesión en nombre de la monarquía castellana, tendría enormes consecuencias en uno y otro lado del Atlántico. Europa se proyectó al Nuevo Mundo, y este lo hizo también con relación a aquélla. Se ha dicho que después del cristianismo nada ha producido un cambio tan radical en la cultura europea como la presencia de América[1]. "No hay otro caso –dice Daniel Larriqueta– de un choque de civilizaciones tan abrupto, entre mundos tan diferentes, que englobase a tantos millones de seres humanos. La historia de la conquista es la crónica de una colisión de mundos como no hay igual en la historia humana"[2].

La impronta católica que caracterizaba a la corona española, consecuencia de la reconquista territorial, cultural y

[1] Arciniegas, *América en Europa*, p. 13.

[2] Larriqueta, *La Argentina renegada*, p. 90.

religiosa de siete siglos contra los árabes que habían invadido casi toda la península ibérica, inducía a la corona a suponer que tenían que cumplir una misión evangelizadora para imponer la "verdadera fe" a los pobladores de sus nuevos dominios. España procuraba legitimar la conquista, su soberanía territorial, su *imperium* político, y dominio y su primacía social, y para ello recurriría a teólogos y juristas en busca de argumentos que la sostuvieran según la religión y el derecho. El debate más importante fue ciertamente antropológico y giró en torno a cuál era el lugar que se les reconocería a los indígenas dentro de este nuevo imperio *plus ultra*.

Después de su primera incursión en América, Colón llevó a España indios para venderlos como esclavos. Esto no era una novedad; en Europa y en el resto del mundo ya los había desde la antigüedad, incluso entre los pueblos originarios de América. El derecho romano había rectificado la idea aristotélica de que la naturaleza destina a ciertas personas para ser esclavos. Según los romanos la esclavitud no pertenecía al derecho natural –porque lo natural del hombre era la libertad–, sino al derecho de gentes; la esclavitud como ley de guerra "que debían" adoptar "necesariamente" para no tener que luchar con armas desiguales[3]. La esclavitud nada tenía que ver con la raza ni con el color de la piel, por lo menos hasta el siglo XVI. Los esclavos negros recién van a introducirse en mucha mayor cantidad en Europa, en el siglo XVI como consecuencia de la expansión portuguesa en África, alcanzando su mayor número en el siglo XVII donde superan el medio millón[4].

Como se aprecia, Colón no fue el "ideólogo" del proyecto de la esclavización de los indígenas del Nuevo Mundo. En prueba de su "presunta legalidad", la propuesta de esclavización de los naturales tuvo acogida oficial en la corona. Pero –aquí lo llamativo– de inmediato se produjo una duda

[3] *Institutas*, Libro I, Título IV, 2, 3, 4.

[4] Sobre este tema ver especialmente STELLA - VINCENT, *Europa, mercado de esclavos*, "Revista Prohistoria", año II, nº 2, p. 53 a 62.

de "conciencia", duda que tendría significativas consecuencias en la historia.

Efectivamente, por una Real Cédula dada el 12 de abril de 1495, los Reyes Católicos Fernando e Isabel autorizaron al obispo de Badajoz, Juan Rodríguez de Fonseca, a quien se había encargado la organización y supervisión de las cosas de Indias, la venta como esclavos de los naturales capturados, porque ante su resistencia a la conquista se convertían en enemigos y era lícito entonces su sometimiento a la servidumbre: "y cerca de los que nos escribistes de los indios que vienen en las carabelas, parescenos que se podrán vender allá mejor en esa Andalucía que en otra parte, debeislos facer vender, como mejor os pareciere"[5].

Sin embargo apenas cuatro días más tarde, el 16 de abril, de modo repentino, los reyes dan una contraorden: "Nos queríamos informarnos de letrados, teólogos e canonistas si con buena conciencia se pueden vender [...]; y esto no se puede facer fasta que veamos las cartas que el Almirante nos escriba para saber la causa porque los envía acá por cativos [...]; por ende en las ventas que ficieredes destos Indios sufincad el dinero dellos por algún breve tiempo, porque en este tiempo nosotros sepamos si podemos vender o no, e no paguen cosa alguna los que los compraren, pero lo que los compraren no sepan cosa desto"[6].

Este curioso proceder nunca fue explicado. No se supo qué motivó el súbito cambio de opinión. Es evidente que alguien advirtió que aquella autorización para vender a una persona y someterla a esclavitud, podía ser gravosa para la conciencia ("si con buena conciencia se pueden vender")[7].

[5] Archivo de Indias. Tomado de Fernández de Navarrete (coord.), *Colección de los viajes y descubrimientos que hicieron por mar los españoles desde fines del siglo XV*, nº XXXVII, t. II, p. 189.

[6] Fernández de Navarrete (coord.), *Colección de los viajes y descubrimientos que hicieron por mar los españoles desde fines del siglo XV*, nº XCII, t. II, p. 195.

[7] Ricardo Levene advierte el hecho histórico, pero lo sobrevuela y aprovecha para ensalzar la figura de la Reina Isabel que "previa consulta con teólogos y letrados ordenó que los indios no se podían negociar y que se en-

Lo cierto es que con la suspensión que ordenaron los reyes, se abrió la puerta a una nueva consideración en torno a la condición de los indígenas. La idea que traía Colón de considerarlos *ipso iure* esclavos se paralizó y terminó cancelándose definitivamente con la sanción de una Real Cédula el 20 de junio de 1500, en la que se estableció: "Ya sabéis como nuestro mandado tenedes en vuestro poder en secustación e deposito algunos indios de los que fueron traídos de las indias [...] los cuales agora mandamos poner en libertad, e habemos mandado al comendador Fray Francisco de Bobadilla que los llevase en su poder a las dichas Indias, e faga de ellos lo que tenemos mandado"[8].

Ignoramos quiénes pudieron haber sido los "letrados, teólogos y canonistas" consultados, ni cuál fue su dictamen. Lo real es que dieciséis años antes de que se hicieran las primeras denuncias públicas ante el maltrato a los indígenas por parte de fray Antonio de Montesinos, según veremos, y antes todavía que irrumpiera Bartolomé de las Casas en su apasionada defensa de los indígenas, el reconocimiento objetivo de la condición de estos como personas, estaba saldada. Germán de Arciniegas dice "que más notable que el descubrimiento de América, es el de que el americano es un hombre libre o destinado a serlo. Con esto renace la consideración perdida de la dignidad humana"[9].

La actitud de la corona española que en 1495 parecía vacilante, quedó establecida en 1500 a favor de los indígenas. Fue un hecho de enorme importancia no solo para América, porque contribuiría a configurar un nuevo pensamiento en torno al derecho de gentes y estaba dando a luz a la Escuela de Salamanca.

viasen libre a las Indias" (*Las Indias no eran colonias*, p. 21). Lo que no dice el destacado historiador argentino es que la reina castellana (o sus teólogos juristas asesores) se tomó cinco años en llegar a la conclusión de que los indios no se podían vender como esclavos, como surge del texto que estamos anotando.

[8] Archivo de Indias, nº CXXXIV, t. II, p. 274.

[9] Arciniegas, *América en Europa*, p. 120.

Este es el hecho histórico: España proclama –y por escrito– que los habitantes de los territorios que se estaban conquistando no podían ser esclavizados ni vendidos como tales. Claro es que no existen referencias acerca de la situación de los negros esclavos –tampoco las hubo casi en ninguna parte del mundo–, a los que se siguió tratando como cosas.

La prédica de BARTOLOMÉ DE LAS CASAS a favor de la libertad de los indígenas, la complacencia de Carlos V y los formales planteos de otros influyentes dominicos como JUAN GARCÉS, BERNARDINO DE MINAYA y DOMINGO BETANZOS, fueron decisivas para que durante el pontificado de PAULO III, en 1537, se dictara la bula *Sublimis Deus*, que declaraba a los indios seres racionales, que no están privados, ni debían serlo, de su libertad y que no serían esclavos.

Doctos teólogos[10] de Salamanca, Alcalá y Valladolid continuaron confrontando con ingenio y sutilezas en procura de razones para la conquista que, a pesar de su violencia y crueldad, o tal vez por ese mismo motivo, abría a la filosofía jurídica nuevas posibilidades. ¿Podía hacer España lo que estaba haciendo? Establecido ya que los indios no eran cosas y no pudiendo ser sometidos al estado de esclavitud, ¿podía España obligar a sus nuevos y forzados súbditos a trabajar en servicio de otros súbditos, los conquistadores?

No puede pasarse por alto en este punto el pensamiento de FRANCISCO DE VITORIA, para quien la conquista de América

[10] Dice HINOJOSA: "Extraña a primera vista que, habiendo entonces en España jurisconsultos insignes, cuyos nombres pertenecen a la historia universal de la ciencia, baste citar a ANTONIO AGUSTÍN, ANTONIO GÓMEZ y DIEGO DE COVARRUBIAS, no fueran ellos, sino los teólogos los que trataron preferentemente de estas cuestiones. La explicación de este hecho se encuentra en la idea que unos y otros tenían de sus respectivas disciplinas [...] se expresa DE VITORIA en los términos siguientes 'Este asunto no corresponde a los jurisconsultos, o cuando menos no es de su exclusiva competencia. Porque como los indios, según demostraré, no estuviesen sujetos (a los españoles) por derecho humano, sus asuntos no se han de examinar conforme a las leyes humanas, sino a las divinas, en las cuales no son bastante peritos los jurisconsultos para poderlos resolver por sí'" (*Los precursores españoles de Grocio*, "Anuario de Historia del Derecho Español", nº 6, 1929, p. 222 y 223).

no fue moralmente lícita, puesto que era una guerra agresiva y de posesión, y que esa conquista se había apartado considerablemente de todas las leyes divinas y humanas[11]. El maestro de Prima en la Universidad de Salamanca "innovaba en más de una materia y, en especial, dando a los indios, por derecho natural, la posibilidad de constituir sociedad y poseer bienes. La conquista de los españoles tenía como condición la evangelización, pero aun en este caso los indios debían aceptar la religión propuesta libremente"[12].

Un codicilo testamentario de la reina Isabel de Castilla de 1504 ordenó la evangelización y respeto para los habitantes del Nuevo Mundo tanto de sus bienes, como de sus personas, a los que consideraba "vecinos y moradores", reconociendo de este modo legitimidad a las comunidades locales que no debían recibir "agravio alguno en sus personas y bienes [...] que sean bien y justamente tratados y si algún agravio han recibido remedien y provean"[13].

Sin embargo, las reflexiones de Francisco de Vitoria, entre tantos –sobre todo dentro de la Orden de los Predicadores, fundada por Domingo de Guzmán y confirmada en 1216–, no podían ocultar que el poder político y religioso de España antes que formular una filosófica pregunta, procuraba una justificación, porque además de la conquista, el *imperium*, el dominio y la religión, evidenciaron desde el primer viaje de Colón su carácter abusivo con respecto a los habitantes originarios, como ya había sucedido sin iguales dimensiones ni repercusión en las Islas Canarias[14]. Ha dicho

[11] Ver De Vitoria, *Relecciones del Estado, de los indios y el derecho de guerra, passim*. Apreciamos muy importante para la comprensión de la obra de De Vitoria, la de Rodríguez Molinero, *La doctrina colonial de Francisco de Vitoria, legado permanente de la Escuela de Salamanca*, "Anuario de Filosofía del Derecho", nº 8, 1991, t. VIII, p. 43 a 75.

[12] Dussel, *El episcopado latinoamericano y la liberación de los pobres (1504-1620)*, p. 59.

[13] *Cláusula del testamento de la muy católica Reyna doña Isabel de gloriosa memoria*, folio 5.

[14] "En las islas Canarias se adoptó al principio un sistema de dominación absoluta, que condujo hasta permitir la esclavitud de los aborígenes"

PAULINO CASTAÑEDA "que la conquista y evangelización de las Canarias, fue un ensayo menor de la empresa americana"[15]. La esclavitud a que fueron sometidos muchos habitantes canarios provocó vivísimas protestas en la corte castellana, de suerte que se comenzaron a oír las mismas razones y quejas que después se esgrimirían a favor de los indios en América. Y esas protestas surtieron algún efecto, según atestigua la siguiente escritura del Archivo de Protocolos de Sevilla: "Otorgó don fray Miguel López de la Serna, por gracia de Dios [...] obispo de Canaria y de Rubicón [...] poder a Cristóbal Gil [...] para que ponga en exención y libertad a todos los canarios esclavos, mujeres y hombres, niños y niñas, de los que el gobernador Pedro de Vera y sus hijos y criados u otras personas en sus nombres cautivaron y vendieron en las de la Gomera"[16].

En América, el conquistador, el gobernante y la jerarquía eclesiástica tienen y ejercen el poder político, social y económico que se matiza y limita por los propios conflictos entre sus expresiones civiles y religiosas; entre las propias autoridades civiles y entre las diferentes clases sociales a las que pertenecían los conquistadores. Conflictos que a su vez se extienden a la confrontación entre los españoles y los naturales y entre estos mismos, según fuese la etnia y la posición que cada uno tuviese en la estructura de poder entre los indígenas. Existen también conflictos entre las diferentes órdenes religiosas y entre estas y la jerarquía episcopal. Por momentos parecen vivirse situaciones anárquicas. "Dios está en el cielo, el rey está lejos, y yo mando aquí", dice una antigua copla limeña que da buena idea de las ventajas que para los gobernantes en las Indias podría entrañar la distancia y la incomunicación. Pero a la vez de la preca-

---

(ZORRAQUÍN BECÚ, *Los derechos indígenas*, "Revista de Historia del Derecho", p. 428). Ver, también, SUÁREZ ACOSTA - RODRÍGUEZ LORENZO - QUINTERO PADRÓN, *Conquista y colonización*.

15 CASTAÑEDA, "Teoría de la misión", en RISPA - ALONSO DE LOS RÍOS - AGUAZA (eds.), *Siglo XV*, p. 141.

16 Tomado de RISPA - ALONSO DE LOS RÍOS - AGUAZA (eds.), *Siglo XV*, p. 124.

riedad de ese poder que muchas veces se sostiene únicamente en la fuerza, en la astucia cuando no en la felonía.

Como nos dice el historiador peruano José Durand: "Si lo religioso y bélico iban de la mano en el conquistador, igual ocurría con el amor al oro y el amor a la honra"[17]. "De ningún modo, pues, la codicia –esa marejada de codicia que indudablemente existió– fue el único fin de la conquista, y ni siquiera el único de los fines personales que tenían los conquistadores. Hay quienes desprecian el oro y quienes también estimándolo, buscan más la fama o el poder, valiéndose para ello de su hacienda"[18].

A pesar de los enormes cambios producidos por la conquista, hubo algunas continuidades. La más significativa fue posiblemente la de los señoríos indígenas conservados en los gobiernos locales, sobre todo en Mesoamérica, después de haber acordado las naturales alianzas con los conquistadores, aunque también hubo continuidades en pueblos sometidos por la fuerza. De este modo se mantuvieron vivas muchas instituciones locales anteriores a la conquista. Esta continuidad se debió, según Bernardo García Martínez, a que los españoles eran muy pocos y tenían limitada capacidad de acción. Se habían colocado en una posición dominante pero no podían (ni querían) encargarse de las infinitas tareas de gobierno que demandaba tan inmenso territorio, posibilitando así continuidad en las funciones de gobierno, administración y justicia. Aunque pareciera paradójico, fueron por centenares lo señoríos en los que no se modificaron sus linajes gobernantes, su composición social, su vida económica, sus términos, sus posesiones, su relativa autonomía y su cultura básica[19]. De la única manera en que podía gobernar así sea despóticamente, era delegando las funciones y el trabajo, lo que implicaba una especie de dominación indirecta. Según Steger, los españoles "trans-

[17] Durand, *La transformación social del conquistador*, p. 54.

[18] Durand, *La transformación social del conquistador*, p. 72.

[19] García Martínez, "La época colonial hasta 1760", en AA.VV., *Nueva historia mínima de México ilustrada*, p. 126 y 127.

formaron a los caciques en intermediarios entre la administración virreinal y los indios nativos. Ochenta años después de la conquista, el virrey de México, no sabía en qué contextos se nombraron los caciques y cómo se transmitieron sus cargos. Los virreyes reconocieron a los caciques como 'señores naturales' y aceptaron su legitimidad 'natural', sin preguntarse cómo esta se había fundado". En última instancia aquellos gobiernos de alianza habían imperado en muchas regiones del continente, en especial en México, en el que no había un poder centralizado como en el Perú[20].

El mundo azteca era políticamente semejante al de ciudades-estados relacionadas entre sí con un sistema de alianzas, enfrentamientos y dominación militar: "El imperio era fundamentalmente una alianza de tres grandes reinos con objetivos limitados"[21]. "El imperio extendió su poder sobre los reinos indígenas en distintos grados de dominación. Algunos reinos que se sometieron sin gran resistencia entraron en condiciones semejantes a las de aliados, con la obligación de reconocer la supremacía del imperio [...] Los reyes sometidos continuaron como señores locales y pagaban un tributo [...] en cambio los reinos que ofrecían resistencia, los señores locales eran eliminados"[22]. Distinto era el caso del Perú, en el que gobernaban los incas: una verdadera dinastía imperial que, como dice Pedro Henríquez Ureña, era un imperio con unidad ideológica: "Desde su capital el Cuzco, fundada en el siglo XII los incas alcanzaron a gobernar vastísimo territorio en la altiplanicie de los Andes"[23] desde Quito al norte hasta el río Maule al sur, el Chaco Boreal al este y las sierras de Córdoba al sureste. Estas diferencias tendrían significativa importancia para la historia de los pueblos his-

[20] Steger, *Legitimación y poder. La formación de las sociedades nacionales en América latina*, "Index. Quaderni Camerti di Studi Romanistici", nº 14, p. 62 y 63.

[21] Ver Carrasco, "Cultura y sociedad en el México antiguo", en Cossio Villegas (coord.), *Historia general de México*, p. 189.

[22] Carrasco, "Cultura y sociedad en el México antiguo", en Cossio Villegas (coord.), *Historia general de México*, p. 191.

[23] Henríquez Ureña, *Historia de la cultura en América hispánica*, p. 20.

panoamericanos de Sudamérica, porque hubo marcadas diferencias en el carácter de la conquista y, naturalmente, en las relaciones entre el poder colonial y sus súbditos.

Como dice LARRIQUETA: "Predomina hoy una visión bipolar del mundo precolombino que ven los actuales México y Perú como centros de irradiación del poder nativo con categorías características comparables [...] Los historiadores modernos, aunque todavía impotentes ante el mito popular de los dos imperios, son cuidadosos en señalar las diferencias enormes que separan a la matriz que hallaron los hombres de Cortés en las tierras de México, de la que descubrieron los de Pizarro en las mesetas del Gran Perú virreinal"[24].

Una elocuente imagen de lo que fue la conquista y la explotación del Nuevo Mundo quedó retratada en el testamento de Hernán Cortés[25]: un verdadero retablo que refleja en algunos de sus espejos de qué manera sucedió todo; hasta qué punto llegó la audacia y el desenfado del conquistador, cuáles fueron sus conflictos de conciencia y hasta dónde llegaron sus resentimientos políticos.

El testamento de Cortés, recompuesto, ordenado y publicado por el jesuita MARIANO CUEVAS en edición presuntamente definitiva, hace menos de un siglo, fue firmado el 11 de octubre de 1547 en Castilleja de la Cuesta, provincia de Sevilla, y su codicilo el día 2 de diciembre de 1547 que fue el mismo del de su muerte.

Después de las habituales invocaciones a su fe católica, fundaciones religiosas y legados –todo lo cual revela una cuantiosa fortuna en bienes inmuebles, muebles y metálico–, Cortés dicta algunas disposiciones que son a nuestro juicio reveladoras de los hechos que identifican el proceso de la conquista en América incluso en algunas de sus implicancias políticas.

Por esto comenzamos. La conquista representaba ganar políticamente hombres y tierras para el rey, es decir,

[24] LARRIQUETA, *La Argentina renegada*, p. 74.

[25] *Testamento de Hernán Cortés.*

nuevos súbditos y nuevos reinos, pero –respetando esa incorporación política– ganar también tierras y oficios públicos para los conquistadores que aspiraban, como Cortés, convertirse en marqueses y virreyes. Hernán Cortés que había emprendido la conquista de México desobedeciendo órdenes de las autoridades indianas constituidas, siempre se quejó por no verse compensado materialmente en sus empeños y contribuciones a la corona, al punto que no fueron pocos los que, al momento de ser residenciado, aprovecharon para denunciarlo como traidor por supuestas inclinaciones separatistas de España de los vastos territorios que él conquistó. En el ítem 36 del testamento, deja muy claro ese sentimiento a pesar de que en anteriores epístolas a Carlos V fue más contundente. Dice la cláusula en consideración: "ítem digo, que por cuanto yo he gastado mucha e suma e cantidad de dinero en la Nueva España e provincias de ellas, que yo conquisté e pacifiqué e truje al yugo e servidumbre de la corona real de Castilla, ansí en la conquista de la dicha Nueva España, e conquistas e provincias y como en armadas que hice para fuera de ella como son las que hice para [...] Que todas fueron por mandado del emperador muestro señor, según parece por sus reales instrucciones e firmas, porque S. M. por descargo de su real conciencia, e como su cristianísimo príncipe tiene mandado por una su real cédula [...] y aún por una sentencia que se dio en su real consejo, que se haga conmigo cuenta de todo lo que yo he gastado ansí en las dichas conquistas como en las dichas armadas, mando que se haga dicha cuenta e se cobre lo que a S. M. alcanzare pues él fue servido de me lo mandar pagar".

Esto quiere decir que, a pesar de no haberse firmado ninguna capitulación, Cortés se cree con derecho a ser pagado con bienes naturales de la tierra basándose solo en el hecho de fuerza. No importaba si estaba autorizado o no. Lo real era que, el hecho de fuerza había sido beneficioso para la corona y por ello debía ser compensado. En gran medida había sido resarcido, pero no al grado de satisfacción que el pretendía.

No debe dejar de tenerse en cuenta para calibrar el resentimiento de Cortés que para entonces –dice DURAND en su importante estudio sobre la personalidad del conquistador– "ocurrían cosas que, históricamente resultaban de todo punto extraordinarias. Por primera vez desde sus comienzos, los españoles desconocieron en América la soberanía de su rey y pretendieron apropiarse de ella. Eso sucedió durante la rebelión de Gonzalo Pizarro, casi sin que este lo quisiera, pero después otras sublevaciones semejantes se repitieron en toda América y con clara conciencia de lo que se hacía"[26], sin excluir la insólita y vesánica experiencia de Lope de Aguirre quien fue el primero en desconocer abiertamente la soberanía de la majestad católica de Felipe II en 1561, proclamándose a sí mismo príncipe del Perú, Tierra Firme y Chile[27].

En el ítem 38 el causante (Hernán Cortés) incomodará seguramente a todos aquellos que benévolamente aceptaron sin matices la teoría de que los indígenas eran personas libres por naturaleza. Cortés, sin decir lo contrario, pone por delante los hechos al derecho *ex facto oritur ius* (de los hechos nace el derecho) diciendo textualmente: "ítem, porque acerca de los esclavos naturales de la dicha Nueva España, ansí de guerra como de rescate, ha habido y hay muchas dudas e opiniones sobre si han podido tener con buena conciencia o no e hasta agora no está determinado mando que todo aquello que generalmente se averiguare que en este caso se debe hacer para el descargo de las conciencias en lo que toca a estos esclavos de la dicha Nueva España, que se haga e cumpla en todos los que yo tengo y encargo e mando a D. Martín mi hijo sucesor, e a los que de él sucedieren en mi estado, que para averiguar esto hagan todas las diligencias que convengan al descargo de mi conciencia e suyas". Debemos reconocer también que sincero o no, Cortés se siente en el deber de descargar su conciencia y advertir

[26] DURAND, *La transformación social del conquistador*, p. 18.

[27] LÓPEZ, *Lope de Aguirre. El peregrino*; OTERO SILVA, "¿Era loco Lope de Aguirre?", en OTERO SILVA, *Escritos periodísticos*, p. 46 a 69.

que si así fuera menester, que sus esclavos "naturales" de la Nueva España debían ser liberados, sin dejar por ello de tenerse en cuenta que ya se habían dictado las leyes nuevas y que también antes se habían pronunciado los epígonos de Salamanca y aun los Habsburgo de España en favor de la libertad natural de los indígenas.

La cláusula 39 del testamento de Cortés se explica por sí misma. "Ítem, mando, que porque en alguno de los lugares de mi estado se han tomado algunas tierras nuestras viñas, algodonares, e para otros efectos que averigüe e se sepa si estas tales tierras eran propiamente de algunos de los naturales de aquellos pueblos, siendo ansí mando que se les restituyan las dichas tierras con los aprovechamientos que los señores de ellas pudieran haber habido".

¿Qué otra cosa podrían ser las tierras que espacios usurpados por el "derecho de la guerra" a los habitantes de los territorios originarios de América? Sin embargo y a pesar del despojo, se habían dictado normas de repartimiento que, como confiesa el conquistador extremeño, podrían ser violadas por la ocupación por parte de los conquistadores, transgrediendo de ese modo la legalidad derivada del hecho de la usurpación.

Complementando la imagen de la realidad que nos dejó Cortés en su testamento, es interesante consignar la valoración que hacía la capa social dominante, es decir, la española, con relación a la población indígena y –en este caso– al pueblo en general. En este sentido nada más ilustrativo que transcribir algunos conceptos del intelectual, matemático, cosmógrafo, sacerdote e historiador novohispano, nacido en México, don Carlos de Sigüenza y Góngora, que escribía en 1690: "Preguntarame vuestra merced cómo se portó la plebe en este tiempo y respondo brevemente que bien y mal; bien porque siendo plebe tan en extremo plebe, que solo ella lo puede ser de la que se reputare más infame, y lo es de todas las plebes por componerse de indios, de negros, criollos y bozales de diferentes naciones, de chinos, de mulatos, de moriscos, de mestizos, de zambaigos, de lobos y también de españoles que, en declarándose zaramullos (que es lo mismo que pícaros, chulos y arrebatacapas) y degenerando de sus obligaciones, son los peores entre tan ruin canalla"[28]. "Los que más instaban en estas quejas eran los indios, gente la más ingrata, desconocida, quejumbrosa e inquieta que Dios crió, la más favorecidas con privilegios y a cuyo abrigo se arroja a iniquidades y sinrazones, y las consigue [...] Ellos eran, como he dicho, los de más quejas y desvergüenzas"[29].

La situación no variaría en el futuro: "Al finalizar el siglo XVIII, los indios eran la clase más explotada y despreciada; llevaban una vida verdaderamente lastimosa, separados del resto de la sociedad por el idioma y la civilización; después de tres siglos de dominación española no habían conseguido el disfrute de los bienes de la cultura europea y habían perdido todos los valores de su raza"[30]. Desde el otro extremo del continente podemos ver lo que escribió en 1801 un minero y azoguero catalán, don FRANCISCO SERRA Y CANALS, que se había asentado en la región de Cuyo: "Yo no entiendo más de lo que suena, y estoy en la inteligencia de que el no concluir con esas partidillas de indios infieles no es otro el motivo sino que el amor y piedad del soberano no permite el que se les haga la guerra ofensiva y sí solo defensiva [...] Y en verdad que los indios serían muchos, a no ser por las continuas matanzas que se verifican los unos con los otros [...] Yo no puedo creer que el rey, nuestro señor, convenga en sostener esta casta de bárbaros tan indómitos, que no profesando adoración no hay forma de dimitir el Cristianismo; ni entre ellos se reconoce más ley ni señor que el libre albedrío, sin una sujeción a la ley natural que les prescribe la razón [...] Una casta de infieles parricidas que ocasionan unos gastos grandiosos a la Corona, sin esperanza de que exterminen sus hechos alevosos". Y más adelante: "viéndose estrechados, se rendirían a partido, y no se les

[28] SIGÜENZA Y GÓNGORA, *Historias del seno mexicano*, p. 191.

[29] SIGÜENZA Y GÓNGORA, *Historias del seno mexicano*, p. 194.

[30] LOREDO - SOTELO INCLÁN, *Historia de México. Etapas precortesiana y colonial*, p. 337.

debería admitir otro que el tener que dejar guaiquerías, trasladándolos a otros lugares con la mira de hacer reducciones o doctrinas, o bien repartirlos por los minerales [minas] para que con el trabajo y sus salarios aprendiesen de racionalidad. Y a los que hiciesen resistencia se les pasase a cuchillo, exceptuando los de tierna edad, como de quince años, los cuales deberían repartirse, tanto varones como mujeres, entre las familias de los pueblos y ciudades, para que los doctrinasen y los tuviesen en calidad de encomienda hasta la edad de treinta años, cuya madurez ya los habría hecho distinguir del bien y del mal"[31]. El mismo JUAN AGUSTÍN GARCÍA, autor una de las obras más reveladoras de nuestro pasado colonial, historiador probo de pensamiento conservador, denuncia enfáticamente: "La teoría y la práctica de los conquistadores armonizaban admirablemente. Argumentos teológicos y filosóficos de la más pura escolástica, disiparon los restos de escrúpulos que podían molestar a aquellas conciencias, confirmándolas en la bondad de una conducta que tan bien concertaba sus intereses materiales, el desahogo de sus pasiones, la comodidad de la vida y sus principios morales. Fray TOMÁS ORTIZ, citado por SOLÓRZANO, coloca a los indios en la categoría bestias, leños y piedras, y 'así, según la opinión de ARISTÓTELES, recibida por muchos, son siervos y esclavos por naturaleza y pueden ser forzados a obedecer a los más prudentes, y aun CELIO CALCAGNINO, comentando al mismo ARISTÓTELES, añade que se pueden cazar como fieras, si los que nacieron para obedecer, lo rehusan'. En derecho se les califica de personas miserables. Fray GREGORIO GARCÍA, dominico, dice que 'son de más baja o despreciada condición que los negros y todas las demás naciones el mundo'"[32].

Estas consideraciones en torno a la conquista revelan que las ponderaciones humanistas hacia los naturales en la metrópoli, tenían muy poca correspondencia con la realidad de los hechos y que los empeños de muchos autores que

[31] FRANCISCO DE SERRA Y CANALS, *El celo del español y el indiano instruido*, p. 44 y 53.

[32] GARCÍA, *La ciudad indiana*, p. 30.

exaltan la preocupación en España por la situación de los indígenas, se desacredita si no se acompaña de una mirada sobre la realidad de la vida cotidiana y sus testimonios documentales. Los indios en Indias no eran tratados como la doctrina decía y tal suponía. Pero como una cosa no quita a la otra, se debe destacar la creación de la Protectoría de Indios, sea cual fuere la valoración que se haga de ella y del tiempo histórico en que fue establecida, porque no deja de llamar la atención que haya sido una institución exclusivamente española. Parecería que más allá de sus raíces romanísticas, según veremos más adelante, solo en España, política y jurídicamente, existieron pruritos en torno a la condición de sometimiento de los indígenas. Porque más allá de no coincidir con ciertas afirmaciones que atribuyen a la conquista de América el carácter de premisa de la muy trillada "leyenda negra", puede aceptarse como válido el interrogante de SALVADOR DE MADARIAGA, "¿Y dónde hay en la historia un país que se haya consagrado con más buena fe que España al estudio de sus relaciones éticas con los naturales de sus países conquistados, y que haya insistido más en tratarlo como hombres?"[33].

[33] MADARIAGA, "Presente y porvenir de Hispanoamérica", en MADARIAGA, *Obras escogidas. Ensayos*, p. 525.

III

INEXISTENCIA DE INSTITUCIONES SIMILARES EN OTROS PAÍSES COLONIALES. EL CASO DE PORTUGAL

Portugal, cuyo proceso de conquista y colonización en América tuvo semejanzas con España en sus objetivos y necesidades[1], siguió en relación con este tema una política diferente. Dice GEORG THOMAS que "las medidas legislativas de la corona portuguesa en favor de la libertad de los indios fueron insuficientes y vacilantes. En Portugal no existieron las normas y previsiones que con amplitud ofrecía España a través de las Leyes de Burgos y las llamadas "leyes nuevas". La corona portuguesa se mostró muy contenida de cara a las exigencias de los colonos brasileños a favor del trabajo esclavo indio y toleró los abusos que se cometían en la colonia"[2]. Por otro lado, GILBERTO FREYRE afirma que "los portugueses menos ardientes en la ortodoxia que los españoles y menos estrictos que los ingleses en sus prejuicios de color y de moral cristiana, no se enfrentaron en América con

[1] *"Para as Coroas portuguesa e española era necessario conciliar suas necessidades económicas e a ganância dos colonos com as questões teológicas e morais uma vez que o que concedia legitimidade à posse do territorio americanos era o compromiso com a evangelizaçao dos pagãos"* (MAGALHAES PITOL, *A posse de territorios e individuos no Novo Mundo*, "Cuadernos de Clío", nº 2, p. 27).

[2] THOMAS, *Política indigenista dos portugueses no Brasil (1500-1640)*, p. 214.

pueblos organizados en imperios, con un vigoroso sistema cultural tanto moral como material, con palacios, sacrificios humanos a los dioses, monumentos, puentes, obras de irrigación y de exploración de minas, sino por el contrario con las poblaciones más pobres y primitivas del continente"[3]. Entre otras, esta circunstancia para el antropólogo brasileño será determinante para condicionar las diferentes modalidades en la conquista y colonización de España y Portugal.

Afonso Arinos de Melo Franco afirma que los conquistadores portugueses enviaron esclavos nativos de Brasil a Lisboa hasta 1570 en que se prohibió, cuando esa exportación era ya casi nula, pues las plantaciones de caña de azúcar en América requerían cada vez más mano de obra[4].

La esclavitud indígena en los dominios de Portugal fue proscripta varias veces, sobre todo en los siglos xvi y xvii, pero una y otra vez debía ratificarse la norma. "La repetición con que se prohibía la esclavitud de los indios y las excepciones que la acompañaban, revelan la constancia de una ilegalidad tolerada"[5].

No existió un derecho colonial brasileño –como en España el derecho indiano– independiente del derecho portugués. Brasil era regido por las leyes de la metrópoli sumadas a algunas normas particulares para cuestiones locales[6].

Entre 1580 y 1640, Portugal constituyó una unión dinástica con España, cuyo rey Felipe II (primero en Portugal) mandó elaborar una recopilación y ordenamiento general de las normas jurídicas que tuvieron sanción en 1603[7]. A pesar

[3] Freyre, *Casa-Grande & Senzala*, p. 89.

[4] Arinos de Melo Franco, "Viagens de índios brasileiros à Europa", en Arinos de Melo Franco, *O indio brasileiro e a Revolução Francesa*, p. 22.

[5] Souza Filho, *O renascer dos pobos indígenas para o direito*, p. 54.

[6] Perrone Moisés, "Índios libres e índios escravos: os principios da legislação indigenista do periodo colonial. Seculos XVI a XVII", en Carneiro da Cunha, *História dos Índios no Brasil*, p. 116.

[7] Se conocieron como las Ordenações Filipinas. Estuvieron vigentes en Portugal, Brasil y sus territorios de ultramar hasta 1867 cuando se sancionó el Código Civil, y en Brasil, hasta 1916 en que fueron derogadas cuando se puso en vigencia su propio Código Civil.

de ello, habiéndose mantenido la administración separada de ambos reinos (como los idiomas), no se estableció ninguna institución protectora de los indígenas brasileños[8]. Según GOMIDES FREITAS, el debate jurídico y teológico en torno a la naturaleza del indígena estuvo, a diferencia de España, ausente en Portugal lo que se vio reflejado en su política colonial[9]. "Los Habsburgo procurarán dejar en claro su intención política en la conducción de la cuestión indígena, salvaguardando la libertad de los naturales de la tierra"[10]. Sin embargo, no se observaron avances en el Brasil en ese sentido.

Una buena prueba de esta diferencia entre los países ibéricos, se observa en una carta del rey Felipe II (tercero de España), dirigida al gobernador general del Brasil, fechada en Lisboa el 19 de marzo de 1605 en la que le dice: "En cuanto a lo que me dices (que debo ordenar que el gobierno de esa gente se haga de la forma en que se hace en Castilla) [...] he ordenado ver este asunto, y te responderé la resolución que tome"[11]. Es decir que el gobernador general le había sugerido al rey que sancionara un régimen indiano semejante al español. Esto seguramente tuvo alguna influencia en la legislación posterior, según afirma ÁLVAREZ IGLESIAS: "El paso a integrar parte de la monarquía hispánica, supondrá un antes y un después en la orientación legislativa en la colonia; el peso de la experiencia y de las soluciones adoptadas en la América española será de vital

[8] *Codigo Philippino ou Ornações e Leis de Reino de Portugal recopiladas por mandado d'el rey D. Philippe I.*

[9] GOMIDES FREYTAS, *O conceito de bárbaro e seus usos nos diferentes projetos coloniais portugueses para nos indios,* "Saeculum. Revista de Historia", nº 24, p. 131.

[10] GOMIDES FREYTAS, *O conceito de bárbaro e seus usos nos diferentes projetos coloniais portugueses para nos indios,* "Saeculum. Revista de Historia", nº 24, p. 133.

[11] *O que me dizeis (que devo mandar ordenar o goberno desse gentío na forma que se ussa nas Indias de Castella)* [...] *tenho mandado ver este negocio, e vos responderei a resolução que nelle houver por bem de tomar.* Este documento está tomado de la "Revista do Instituto Histórico e Geográfico Brasileiro", 1910, nº LVIII, Parte I, p. 5.

importancia [...] La primera ley dada durante la etapa filipina, refleja una preocupación diferente a la que veíamos hasta ahora"[12].

Recién en 1755 se sancionaron normas que supusieron un cambio decisivo en la política de Portugal con relación a los indígenas brasileños que canceló su esclavitud[13].

Quienes históricamente asumieron la defensa de la población indígena de Brasil contra los malos tratos de los colonos, fueron los jesuitas llegados con el primer gobernador general Tomé de Sousa en 1549. Los jesuitas portugueses (fue la primera orden religiosa en instalarse formalmente en Brasil) organizaron a la población indígena bajo un sistema de reducciones y aldeas que con el tiempo y en muy buena medida, se convertirían en las misiones del Paraguay. Según Freyre, "campeones de la causa de los indios, se debe en gran parte a los jesuitas no haber sido jamás el trato a los nativos por parte de los portugueses en América, tan duro ni tan pernicioso como de parte de los protestantes ingleses"[14]. Tal vez haya sido esta una de las principales razones para su posterior expulsión en el año 1773[15]. Cabe aclarar que esto no exculpa a la Compañía de Jesús de su responsabilidad con el tráfico de esclavos, atendiendo incluso a fuen-

[12] Álvarez Iglesias, *Entre asimilación y exterminio: los indios de Brasil desde el Diretório hasta la abolición de la esclavitud indígena*, "Cuadernos del Tomás", nº 4, p. 26.

[13] "Estas ordenanzas se inscriben dentro de las políticas reformistas bajo el ministro Pombal y tienen la finalidad de ejercer un dominio real sobre los extensos límites de la colonia y superar las enormes diferencias culturales entre los súbditos brasileños. Por esta razón la ley de 1755 fomenta el matrimonio mixto entre brasileños e indios y la difusión del portugués. La liberación legal de los indios y la difusión del portugués lleva a un conflicto con las congregaciones que se encuentran bajo la tutela de los misioneros, los cuales son posteriormente expulsados. Este decreto tiene efectos perjudiciales para las comunidades indígenas, ya que las presiones locales sobre ellas van en aumento, a la vez que las viejas formas de tutela desaparecen" (Barié, *Pueblos indígenas y derechos constitucionales en América Latina: un panorama*, p. 162).

[14] Freyre, *Casa-Grande & Senzala*, p. 147.

[15] Ver Page, *Los primeros misioneros jesuitas entre guaraníes y la experiencia de las aldeias en el Brasil*, "Historia Unisinos", vol. 20, nº 1, p. 26 a 38.

tes propias de la misma orden[16]. Figura relevante en la defensa de los indígenas fue ANTONIO VIEIRA, jesuita portugués que se destacaría como predicador y defensor de los indios y esclavos africanos[17], sobre todo en el nordeste del Brasil. Eso entre muchísimos otros aspectos referidos a su persona, que a pesar de su singularidad, inteligencia y atrevimiento, continúan velados al conocimiento, fuera de Portugal y Brasil[18]. La confrontación entre los conquistadores y colonos portugueses con las disciplinadas formaciones de la Compañía de Jesús, se saldó a favor de aquellos: los jesuitas fueron expulsados del Maranhão y del Pará, donde había una gran concentración indígena, en 1661[19].

Portugal no conocerá la minuciosa construcción fiscal, militar, educacional, institucional y religiosa con la que España encaró la conquista de América. Es un esfuerzo de los portugueses mucho más que de Portugal y esto le dará a

[16] "Entiendo que convendría mucho deshazernos de esclavos y esclavas; porque no nazcan esclavillos de quien no querríamos. Y no sé cómo están saneadas consciencias de algunos superiores, poniendo sus súbditos en tan fuertes occasiones como yo las he visto. Demás desto, no sé quán decente cosa es la piedad que la Compañía professa, traer los esclavos cargados de hyerro, como los seglares". Esto está tomado de una carta de 1582 fechada en Oaxaca del jesuita Antonio Torres al prepósito general de la Orden, Claudio Acquaviva [Ver, *Monumenta Histórica Societatis Iesu. Monumenta Mexicana (1570-1905)*, vol. III, p. 701].

[17] Ver sobre este particular, AZEVEDO FILHO, "A argumentação de Vieira em defesa dos índios", en CATALANO (a cura di), *Quinto impero. Attualità del pensiero di Antonio Vieira S. J.*, p. 299.

[18] ANTONIO VIEIRA (Lisboa 1608 - Salvador de Bahía 1697) fue una gran figura de su tiempo, que además de su prédica a favor de los indios y esclavos se hizo notar como predicador, misionero y defensor de los judíos. Todo ello lo llevó a enfrentar al Tribunal de la Inquisición que lo encarceló por un tiempo. Gozó de cierta protección del Vaticano con Clemente X y del rey João IV. En relación con sus ideas abolicionistas de la esclavitud, ver FARÍA, "O legado de Vieira", en CATALANO (a cura di), *Quinto impero. Attualità del pensiero di Antonio Vieira S. J.*, p. 457 y siguientes. En torno a la defensa de los judíos, ver NOVINSKY, *Padre Antônio Vieira, a Inquisição e os judeos*, "Novos Estudos del Centro Brasileiro de Análisis y Planeamiento", nº 29, p. 172 a 181. Muy conocido fue también por sus profecías sobre el Quinto Imperio.

[19] RICCIARDI, *Padre Vieira in Maranhao (1653-1661)*, "Signótica. Revista de la Facultad de Letras de la Universidad Federal de Goiás", nº 2, p. 65.

su imperio horizontalidad, parcelamiento y casi la anárquica autonomía de sus capitanes, obispos, mercaderes y exploradores[20].

Sin aventurar una opinión definitiva, la disimilitud entre España y Portugal en relación con la institucionalidad de las defensorías de indios, va acompañada de otra entre ambos países: la de las universidades en el Nuevo Mundo. A solo cuarenta y seis años de que Colón llegara a América los españoles fundaron la Universidad de Santo Domingo. A trece años de la conquista del Perú, crearon la Universidad de San Marcos. A la época en que se fundó Harvard en la Colonia de la Bahía de Massachusetts (1636), en Hispanoamérica había trece universidades, que llegarían a treinta al momento de producirse la independencia. Afirman Rodrigo Arocena y Judith Stuz, investigadores uruguayos de la Universidad de la República: "Suele hablarse de la Universidad Latinoamericana. Pero, cuando se mira a la historia, una división se impone. En la sección americana del imperio portugués la universidad realmente no existió, mientras que, en la América que fuera conquistada por los españoles, la universidad es una institución cuya trayectoria de más de cuatro siglos se inicia con la conquista misma, y se vio profundamente alterada por una 'revolución', el Movimiento de la Reforma Universitaria, que se desencadenó en Córdoba cuando en Brasil la universidad, en sentido propio, todavía no existía"[21]. Portugal consideró que quienes quisieran acceder a la universidad y hubieran nacido en las colonias, debían estudiar en la metrópoli en sustento de la dependencia de aquéllas. Los primeros cursos superiores en Brasil, se establecieron en 1827[22].

Si bien no contamos con elementos –ni es el caso– como para hacer comparaciones académicas y menos aún consideraciones ideológicas sobre la existencia en Hispanoamérica de las defensorías de indios y su inexistencia en Brasil, se

20 Larriqueta, *La Argentina imperial,* p. 49 y 50.

21 Arocena - Sutz, *La universidad latinoamericana del futuro,* p. 13.

22 Ferreira, *História do Brasil,* p. 116.

puede suponer (aunque no deducir) que hubo un diferente enfoque del tema y que en ese sentido no puede considerarse ajena ni menor la influencia de la universidad, de modo especial la Universidad de Salamanca.

En relación con otros países que dominaron y sometieron al Nuevo Mundo, cabe decir que la colonización inglesa surgió fundamentalmente por iniciativa privada y su motivo principal fue el comercio. Se trataba de tener más exportaciones que importaciones: las colonias significaban mercados para su producción y posibilidades de obtener suministros sin tener que comprarlos en otros países competidores. Eran simples asentamientos poblados por blancos ingleses. Mientras los españoles recorrieron en todo sentido en treinta años (de 1519 a 1550), los veinticuatro millones de kilómetros cuadrados de un territorio cuyos límites estaban casi definitivamente señalados, los ingleses que tomaron posición de su fracción en América cien años después, en dos siglos, solo penetraron doscientos kilómetros: hasta las estribaciones orientales de los Apalaches apenas. La alocada conquista del oeste no comenzó para la América anglosajona sino en el siglo XIX con la revolución técnica de los transportes[23]. Por lo demás, conforme al antropólogo brasileño GILBERTO FREYRE, los puritanos ingleses, queriendo conservarse inmaculados del contacto sexual y social de pueblos que les repugnaban por la diferencia de color y de costumbres, y que en su conciencia de raza y de cristianos, evocaba el espantajo del mestizaje y del paganismo disoluto[24].

Es verdad que "Inglaterra no encontró metales preciosos, ni en su defecto, culturas indígenas altamente sofisticadas como la azteca y la inca, que obligara a expandir las instituciones del reino para saquear o explotar a la población nativa, apropiándose de materias primas. Por ello apeló a la iniciativa privada para comerciar, viajar al Nuevo Mundo y recopilar información para los subsecuentes viajes ingleses y, desde mediados del siglo XVI, dedicarse a la piratería

[23] Ver CHAUNU, *Historia de América Latina*, p. 24 a 26.
[24] FREYRE, *Casa-Grande & Senzala*, p. 89.

como estrategia alternativa"[25]. Pero más allá de todo, lo cierto era que Inglaterra no poseía las condiciones propias para un amplio desarrollo económico, base fundamental del progreso en otros órdenes. "Fue el descubrimiento del Nuevo Mundo el que la colocó, por decirlo así, en una posición geográfica económica central que creó las bases primarias para su posterior engrandecimiento"[26]. José Manuel Estrada halló una diferencia importante entre la colonización española y la inglesa: "La ocupación europea fue acción libre en el norte y acción oficial en el sur"; el labrador se vincula a la tierra y afirma en ella su libertad cuando le pertenece. El soldado y el funcionario dependen del gobierno y trabajan en su nombre[27].

Francia, por entonces, no tuvo el desarrollo y la importancia colonial de Inglaterra y mucho menos que la de España y Portugal. Además, después de la Paz de París de 1763, debió ceder casi todas sus posesiones en América del Norte a Inglaterra. La cuestión colonial, al parecer, tampoco tuvo mucho apoyo social, según puede deducirse de la opinión de Montesquieu, entre otros como Rousseau y Voltaire: "El efecto ordinario de las colonias es el de debilitar el país de donde se las saca, sin poblar el país a donde se las envía"[28].

No se puede omitir un proyecto francés de conquista de Buenos Aires en el siglo XVII que llegó a entusiasmar al rey Luis XIV y a su ministro J. B. Colbert. Propiciaba el dominio de Francia en un segmento sudamericano que comprendía desde el Río de la Plata hasta Potosí. Lo curioso es que el autor de la iniciativa era un aventurero francés, comerciante y traficante de esclavos, que estaba "demorado"

[25] Beltrán Cristancho, *Políticas británicas en las primeras colonias americanas. Crítica a la visión mítica sobre su establecimiento y efectos sobre la construcción de la tradición legal estadounidense*, "Estudios Socio Jurídicos", vol. 5, nº 2, p. 217.

[26] Lewin, *La inquisición en Hispano América*, p. 142 y 143.

[27] Figueroa Román, *Antecedentes de una sociología industrial de las Américas*, "Estudios de Sociología", nº 1 p. 64 y 65.

[28] Montesquieu, *Cartas persas*, Carta CXXI, p. 208.

en Buenos Aires sospechado de "espionaje" y que plasmó la singular iniciativa en un libro[29].

Es evidente que la postura de España con relación a América tenía particularidades específicas que se reflejarían en el curso de su conquista y colonización. Podemos seguir el pensamiento de Tomás y Valiente referido a las características de las relaciones entre la metrópoli y sus colonias ultramarinas: "*a*) el conjunto llamado 'las Indias', no era un bloque homogéneo, sino un conglomerado formado por Reynos y Señoríos; *b*) que ese conjunto aunque incorporado a la Corona de Castilla, tuvo entidad propia como lo demuestra el que Felipe II se titulara frecuentemente *Hispaniorum et Indiarum rex*, lo que no contrapone pero sí distingue a las Españas de las Indias; *c*) que, aunque escritores de renombre hablaran de Estado de las Indias (Ovando), o de la Monarquía indiana (Torquemada), los reinos y señoríos de las Indias nunca constituyeron un bloque separado políticamente de la Corona de Castilla"[30]. Las confusiones vinieron después: "si en el siglo xvi hubo hombres como Francisco de Vitoria y Bartolomé de las Casas que sostenían que los reinos americanos eran verdaderos reinos independientes y que como tales se habían incorporado a la corona de Castilla, en el siglo xvii hombres como Juan de Solórzano Pereira y sus seguidores establecerían que tales reinos quedaban incorporados a Castilla por accesión, como una parte y no como entidades independientes. Serían considerados entonces como una extensión de aquel reino"[31]. En una palabra, las Indias fueron incorporadas a la corona de Castilla, no al reino castellano en calidad de bienes realengos, formándose así una "unión personal" entre Castilla y las Indias, exclusivamente vinculada en la persona del monarca en común.

29 Massiac, *Plan francés de conquista de Buenos Aires*.

30 Tomás y Valiente, "Las ideas políticas del conquistador Hernán Cortés", en De Solano (coord.), *Proceso histórico al conquistador*, p. 177.

31 Lira - Muro, "El siglo de la integración", en *Historia general de México*, p. 352.

El hecho de que no hubiera un poder absolutamente centralizado, facilitaba el desenvolvimiento institucional de cada una de las naciones que lo componían y así no debe extrañar la implantación de órganos e instituciones inspiradas en decisiones más o menos autónomas.

Con diferencias de matices, el trato hacia los nativos en estos primeros años de experimentación en las colonias, fuesen españolas, portuguesas, inglesas, francesas u holandesas fue el mismo. Fuera de hábitos, sacrificios que horrorizaron a los mismos conquistadores españoles[32], prácticas sanguinarias y hasta antropofágicas que se llevaban a cabo en la América precolombina, que chocan ciertamente con nuestra conciencia y sentimientos, los europeos aprovecharon la hospitalidad de los indígenas, usaron sus servicios y cuando se consideró necesario, los masacraron. Pero en ninguna de esas colonias, salvo en las españolas, existió una defensoría de indios.

[32] Toynbee, *La gran aventura de la humanidad*, p. 487.

IV

LA ESCUELA DE SALAMANCA

En los siglos XV y XVI se dieron hechos y circunstancias históricas que trasformarían sensiblemente el saber, las creencias y la vida del mundo occidental. Una viva interacción entre ellas las potenciará con un dinamismo contrastante al del quietismo medieval. La fuerza de estas nuevas ideas, atravesaría todas las certezas filosóficas, teológicas, jurídicas, científicas, artísticas, políticas, económicas y geográficas. Cesó el dominio de la teología sobre la filosofía y la subordinación de la razón a la fe. La escolástica medieval comenzó a perder espacio frente a otras corrientes filosóficas, aunque en aquellos mismos siglos tendrá un cierto renacer, particularmente en España, según tendremos oportunidad de ver. Todo tenía que ver con todo. Semejante transformación no se dio en la forma de una revolución política propiamente dicha, porque el orden estamental y la influencia de las iglesias cristianas, tanto la romana como las reformadas, se inclinaron preferentemente por el mantenimiento de un orden social estamental y jerárquico.

El Humanismo, el Renacimiento, un nuevo paradigma de investigación científica, la libre interpretación de los textos evangélicos, la invención de la imprenta, los descubrimientos geográficos, la aparición de los Estados nacionales y el antropocentrismo –que no necesariamente debe interpretarse como discontinuidad cultural entre el Medioevo y lo que lo siguió–, serán los signos de identidad de la Edad Moderna en la que el mal llamado "Descubrimiento" de América empalmó, siendo así causa y consecuencia de muchos otros sucesos que tendrán incidencia en todos ellos.

De aquella afirmación de individualidad nos deja un ejemplo Antonio de Nebrija, hombre de la Universidad de Salamanca en la que se formó y de la que fue profesor. Famoso por ser el autor de la primera gramática castellana que fue también la primera de una lengua romance, pidió un privilegio para la edición de sus obras, algo así como el reconocimiento de un derecho de autor; uno de los primeros del mundo. Más que un antecedente histórico es un signo de afirmación de individualidad humana.

Con la llegada de los españoles al Nuevo Mundo –como hemos dicho en el primer capítulo– se despertaron dudas que no se hubieran dado en otro tiempo histórico y tal vez en otro lugar del planeta y no por una cuestión de mayor o menor sensibilidad sino por otra sensibilidad. Las cuestiones que planteaba el hecho de la conquista, tanto en términos morales como antropológicos y legales, tienen repercusión inmediata en el ámbito en el que se estudian y discuten principios y pensamientos y en donde, casualmente, germinaban ideas que transformará sensiblemente el derecho de gentes.

La idea del imperio universal –que de hecho había desaparecido con Roma–, con el surgimiento y consolidación de los Estados nacionales se vería en esos años sepultada definitivamente. La unión dinástica de los más importantes reinos de la península ibérica (Castilla y Aragón) que, pasado un tiempo, confluirían en la creación de la nación española, presentó particularidades propias: fuertes identidades regionales, enfrentamientos con una facciosa e insumisa nobleza y por sobre todo la conquista de un continente muy lejano y desconocido por los europeos, cuyos habitantes no eran cristianos. Todo esto hizo que las inquietudes filosofales y políticas de la época, dieran prioridad a buscar fundamentos y respuestas a cuestiones que derivarían no solo en argumentos de legitimidad, sino también en guerras. Los espacios del pensamiento europeo, se hallaron muy pronto elaborando proposiciones teológicas, jurídicas y políticas de nuevo tipo, con otros horizontes geográficos y morales, pero partiendo siempre de una única premisa que no debería estar en juego ni en discusión: la inevitabilidad de la monarquía y el poder de la corona.

Es allí donde cumple su papel fundamental la Universidad de Salamanca, una de las más antiguas y por entonces más prestigiosas universidades del Viejo Mundo. En sus claustros se gestó lo que algunos siglos después se llamó con justicia "escuela", que por la fuerza de la tradición se llamó Escuela de Salamanca. Dice JUAN BELDA PLANS: "En una perspectiva jurídica la Escuela de Salamanca se ha estudiado principalmente en función del problema de la ética de la conquista de América, así como de la ética de la paz y la guerra, según las soluciones aportadas por FRANCISCO DE VITORIA y sus desarrollos ulteriores. Ese revisionismo vitoriano y los fundamentos ético-jurídicos que elabora, dan lugar a la Escuela de Salamanca [...] De aquí se deriva, como es obvio, un concepto amplio: el grupo de teólogos y juristas en torno a DE VITORIA que ocupan cátedras en Salamanca, pero también en otras universidades europeas y americanas; el núcleo original estaría en Salamanca pero a partir de ahí se expande hacia Europa (sobre todo Coimbra y Roma) y América (México y Lima); sus miembros no se limitan, por tanto, a los profesores universitarios salmantinos sino también europeos [...] y americanos [...] tampoco son solo teólogos sino que también se incluyen algunos juristas relacionados con DE VITORIA y Salamanca [...] Según esto, además, en cuanto a los límites de espacio territoriales, no se circunscribe solo a Salamanca, ni tampoco al siglo XVI estrictamente [...] En síntesis, vemos que este concepto de la Escuela de Salamanca coincidiría con los teólogos escolásticos españoles a partir del magisterio de DE VITORIA y de sus doctrinas internacionalistas y pacifistas, hasta entrado el siglo XVII"[1].

1 BELDA PLANS, *Hacia una noción crítica de la "Escuela de Salamanca"*, "Scripta Theologica", nº 31, p. 372.

Para los estudiosos del tema, la Escuela de Salamanca se desarrolló a partir de la llegada de FRANCISCO DE VITORIA[2] a la ciudad de Tormes en 1526. Sin embargo, el espíritu de la Escuela se hizo palpable antes. El traslado de DE VITORIA no se ordenó para crear una escuela de pensamiento, sino para darle más luz y profundidad. Las nuevas ideas precedieron al fraile burgalés como ya tuvimos oportunidad de ver cuando se plantearon aquellos reparos de conciencia, nunca del todo aclarados, de los Reyes Católicos. Su existencia se habría extendido hasta la primera década del siglo XVII, aunque en los últimos años había mermado su empuje original. "La Escuela de Salamanca ya había entrado en un período evidente de decadencia y ya no tenía nada más que ofrecer al mundo"[3].

El que por primera vez utilizó el término Escuela de Salamanca, dice JORGE ROARO, fue el erudito y religioso alemán MARTIN GRABMAN en 1917, para hacer notar que el pensamiento desarrollado en Salamanca por los discípulos de FRANCISCO DE VITORIA había constituido una verdadera escuela de la que aprendieron teólogos de diferentes órdenes religiosas y no solamente los dominicos[4]. "Hay –agrega ROARO–,

[2] FRANCISCO DE VITORIA era un fraile dominico castellano que estudió, se formó y dio clases en la Sorbona de París durante casi dieciocho años, hasta que los superiores de su orden le ordenaron trasladarse a Salamanca. Según parece no nació en Vitoria sino en Burgos. Vasco por línea paterna, era leonés por la materna, y por allí descendía de un noble linaje de antepasados judíos. El verdadero nombre del insigne maestro era FRANCISCO DE ARCAYA Y COMPLUDO (ver estas referencias, BELTRÁN DE HEREDIA, "Final de la discusión acerca de la patria del maestro DE VITORIA: la prueba documental que faltaba", en *Miscelánea Beltrán de Heredia*, t. II, p. 23 y siguientes). DE VITORIA no era inclinado a escribir. Lo que conocemos de su pensamiento está tomada de lecciones que recogieron sus discípulos y alumnos. Fueron los de aquellos estudiantes, los primeros apuntes tomados en lengua castellana. Sobre FRANCISCO DE VITORIA, ver OSSORIO, *El pensamiento vivo de Fray Francisco de Vitoria*.

[3] ROARO, *La Escuela de Salamanca y la interpretación histórica del humanismo renacentista español*, "Disputatio, Philosophal Research Bulletin", vol. 3, nº 4, p. 200.

[4] ROARO, *La Escuela de Salamanca y la interpretación histórica del humanismo renacentista español*, "Disputatio, Philosophal Research Bulletin", vol. 3, nº 4, p. 202.

una cierta unidad en su visión y en su pensamiento que a nosotros nos llama poderosamente la atención, y en la cual, podemos detectar las huellas de una evolución de un tipo concreto de ideas y de formas de pensar que se han ido transmitiendo por generaciones y cuyos efectos han llegado hasta nosotros y han influido a nuestro mundo"[5]. Se trata de un pensamiento genuinamente español "y en cierto sentido fundador del pensamiento filosófico político moderno. Es el pensamiento que va del dominico Francisco de Vitoria (1483-1546) al jesuita Juan de Mariana (1536-1623) pasando por Bartolomé de las Casas, Domingo de Soto, Melchor Cano o Francisco Suárez"[6]. "Hay una modernidad crítica, confiada tanto en la verdad como en el pueblo llano: la que con distintas variantes va de la Escuela de Salamanca a la proclamación de los derechos humanos por la ONU"[7].

Aquellos teólogos (se consideraba a la teología la base del saber humano) pusieron acento en los aspectos sociales concretos que infundían al pensamiento renacentista ibérico: el de la guerra justa respecto a los naturales de las Indias, la libertad de sus habitantes, la distinción de poderes entre la potestad eclesial y civil, sin perjuicio de los significativos avances en otras disciplinas científicas, como la gramática, las artes y hasta en la economía según lo consignó Joseph Schumpeter[8], entre otros. Gran parte de los avances en esas materias al principio de la Edad Moderna, se debieron a la investigación y el saber de aquella generación salmantina.

Se puede afirmar así que De Vitoria fue el padre del derecho internacional público moderno[9]. "Entre 1528 y 1529

[5] Roaro, *La Escuela de Salamanca y la interpretación histórica del humanismo renacentista español*, "Disputatio, Philosophal Research Bulletin", vol. 3, nº 4, p. 199.

[6] Bertomeu, *Filosofía, lengua castellana y modernidades*, "Arbor", t. CLXXXIV, vol. 184, nº 734, p. 1049.

[7] Bertomeu, *Filosofía, lengua castellana y modernidades*, "Arbor", t. CLXXXIV, vol. 184, nº 734, p. 1050.

[8] Schumpeter, *Historia del análisis económico*, p. 134 y siguientes.

[9] Por lo menos desde James Brown Scott en adelante, se considera así (ver Amorosa, *Rewriting the history of the law of nations. How James Brown*

FRANCISCO DE VITORIA formuló un nuevo sistema jurídico y político universal que centrado en la persona humana culmina en la concepción de la *comunitas orbis* [...] La filosofía política de FRANCISCO DE VITORIA desarrolla el pensamiento tomista según la cual la comunidad política constituye una institución de derecho natural y es autónoma en el ámbito de los fines temporales del hombre"[10].

La Escuela de Salamanca en lo que es específicamente objeto de este trabajo, respondió a los retos de un mundo nuevo y abierto que, sin dejar de afirmar su fe católica, proclamaba no solo la ilegitimidad de la esclavitud, tanto de los individuos como de los pueblos, sino también de la propia conquista ibérica en América. Aunque DE VITORIA a diferencia de LUIS VIVES no frecuentó la amistad de ERASMO, no cabe duda que el eramismo dejó profunda huella tanto en él como en su escuela.

Los teólogos-juristas salmantinos negaron que el Papa tuviera el poder de concederles a los monarcas de España y Portugal un dominio que él no tenía de las tierras del mundo americano, según lo había resuelto en la bula *Inter cætera*, y ello por aplicación del principio jurídico que nadie puede transferir a otro un derecho mejor y más extenso del que tiene, y ese derecho no lo tenía claramente la Santa Sede. De acuerdo a BRUFAU PRATS, quienes integraban la Escuela de Salamanca "admitían el texto pontificio pero le daban otra interpretación. La concesión que se contenía en tales documentos tenía carácter misional, en el sentido de que el Sumo Pontífice podía encomendar la predicación de la fe cristia-

---

Scott made Francisco de Vitoria the founder of international law). CLAUDIO SÁNCHEZ ALBORNOZ lo ratifica, advirtiendo sin embargo que, si bien no tuvo influencia en el pensamiento de DE VITORIA ni en la Escuela de Salamanca, fue precedido por el hispano-musulmán MAHMUD AL-MAHBÚ, que ordenó y sistematizó la doctrina islamita sobre el derecho de la guerra ("Un precursor hispano musulmán de Francisco de Vitoria", en SÁNCHEZ ALBORNOZ, *Españoles ante la historia*, p. 137 a 141).

[10] KATSOULIS, "Francisco de Vitoria: desde los derechos humanos hasta la soberanía de España del siglo XVI", en AA.VV., *Estudios y homenajes hispanoamericanos*, p. 120.

na entre los *insulani* a los reyes españoles y prohibirla a los demás, para hacerla más eficaz. Con lo cual, caía el título invocado desde el primer momento para justificar la ocupación por la fuerza, a los territorios y el sometimiento a servidumbre de la población india que los poblaba"[11].

Para la Escuela de Salamanca, la conquista de los territorios ultramarinos constituyó una genuina guerra ofensiva que fue también depredadora por más que se la quisiera justificar como dice Brufau Prats, partiendo de la tesis de que era conveniente una evangelización forzada para implantar el cristianismo, por la inferioridad racial de los indios, por la comisión por parte de estos de pecados *contra naturam*, por la defensa de los injustamente tratados y sacrificados, etcétera[12]. Américo Castro sostiene que el infante Juan Manuel en *El libro de los Estados*, redactado en 1330 (*circa*), se plantea la cuestión de cómo justificar la guerra contra el moro, y con ello anticipa el conflicto jurídico religioso de quienes en el siglo xvi divergían en cuanto a no ser justa la guerra contra los indios de América. "Los cristianos –dice Castro– luchaban para recuperar la tierra, no para acabar con una creencia que, con la judía, integraba el horizonte vital de los cristianos; con lo cual se ve claramente que, todavía en la primera mitad del siglo xiv, no se pensaba ni sentía en la forma que refleja el epitafio del sepulcro de los Reyes Católicos"[13].

[11] Brufau Prats, *La conquista del Nuevo Mundo a la luz de la doctrina de la escuela salmantina sobre la guerra justa*, "Anuario de Filosofía del Derecho", t. VIII, p. 31.

[12] Brufau Prats, *La conquista del Nuevo Mundo a la luz de la doctrina de la escuela salmantina sobre la guerra justa*, "Anuario de Filosofía del Derecho", t. VIII, p. 36.

[13] Castro, *Sobre el nombre y el quien de los españoles*, p. 177. El epitafio de los Reyes Católicos en la Capilla Real de la Catedral de Granada dice: *"Mahometice secte postratores et heretice pervicacie extinctores Fernandus Aragonum et Helisabetha Castelle vir et uxor unánimes catolice appellati marmóreo clauduntur hoc túmulo"* [Expulsaron la secta mahometana y aniquilaron la pravedad herética (el judaísmo) Fernando de Aragón e Isabel de Castilla, esposo y esposa, conocidos por los católicos, están enterrados en esta tumba de mármol].

De Vitoria y sus seguidores consideraban que, una vez promocionadas las poblaciones indígenas, los españoles deberían retirarse de aquellos dominios, dejando el ejercicio de su plena soberanía a los habitantes americanos.

Uno de los ejemplos más elocuentes de la influencia de la Escuela de Salamanca se evidencia en la evolución del reconocimiento del derecho indígena después de la conquista.

En los primeros años se consideraba en forma absoluta que solo cabía aplicar en el Nuevo Mundo el derecho de Castilla. Las leyes de Toro (1505) agotaban el derecho en cuyo defecto solo cabía recurrir al rey en procura de una nueva ley. Los juristas, sin embargo, casi unánimemente tendieron a ignorar las últimas disposiciones de las leyes de Toro y completaron el orden de prelación como el derecho canónico y el derecho romano[14]. Y más aún, en 1530, de modo no muy explícito, pero sí suficientemente claro, se reconoce por primera vez el derecho indígena a través de la ordenanza de corregidores, que prevé se considere el "orden y la manera de vivir de los naturales indios" y que se guarden sus "buenos usos y costumbres... en lo que no fuera en contra de nuestra religión christiana"[15].

El reconocimiento de la existencia de un derecho indígena se haría explícito en una real cédula de Carlos V de 1555 en la que se dice "aprobamos y tenemos por buenas vuestras buenas leyes y costumbres que, antiguamente entre vosotros habéis tenido y tenéis para vuestro buen regimiento y policía"[16]. El reconocimiento de los derechos indígenas comprendía tam-

[14] Ver, Guzmán Brito, *Andrés Bello, codificador*, t. I, p. 50.

[15] Tomado de "Para que se guarden las ordenanzas sobre el buen tratamiento de los Yndios de la Nueva España. Capítulos de Gobernadores y Regidores", dadas en Toledo en 1529, en *Provisiones y cédulas*, recopiladas por el doctor Vasco de Puga, 1563, folio 54.

[16] Tomado de *Cedulario Indiano, recopilado por Diego de Encinas. Provisiones, cédulas capítulos de ordenanzas, instrucciones y cartas libradas y despachadas en diferentes tiempos por sus majestades* [...] *Libro Quarto*, reproducción facsímil de la edición única de 1596, t. IV, p. 355.

bién las normas surgidas contemporáneamente de esa misma fuente[17].

Ricardo Zorraquín Becú dice que "no tenemos ningún antecedente que nos permita rastrear el origen de esta disposición tan novedosa y sorprendente [...] La iniciativa de dar validez al derecho indígena, debe considerarse, por lo tanto, como propia de algún letrado del Consejo, redactor de aquellos capítulos para corregidores"[18]. Fácticamente debe haber sido así, pero parece bastante dudoso que un escriba, por letrado que sea, se haya atrevido a tanto. Por su naturaleza, da toda la sensación que la idea de reconocer juridicidad a normas de convivencia indígenas se inspiraba en el pensamiento de los juristas de Salamanca, y básicamente, en el ideario de De Vitoria.

En la obra que expone sus pensamientos políticos fundamentales, dice De Vitoria: "es menester que la misma comunidad se baste a sí misma y tenga potestad de gobernarse, pues si antes de agruparse los hombres en sociedad, nadie era superior a los otros, no hay razón alguna para que en la misma sociedad alguien se atribuya poder sobre los demás [...] teniendo cada hombre por ley natural potestad y derecho de defenderse, supuesto que nada es más natural que rechazar la fuerza con la fuerza"[19]. "El hombre está dotado de libertad; pues, en aquel estado feliz de inocencia, cada hombre hubiese sido señor y a nadie hubiese servido"[20]. "Es muy contra la naturaleza querer dominar un hombre a otro, como quiera que por derecho natural todos los hombres son iguales"[21]. "La común posesión de todos y la única libertad del

[17] Bravo Lira, *El derecho indiano y sus raíces europeas: Derecho común y propio de Castilla*, "Anuario de Historia del Derecho español", nº 58, p. 7.

[18] Zorraquín Becú, *Los derechos indígenas*, "Revista de Historia del Derecho", nº 14, 1986, p. 433 y 434.

[19] De Vitoria, "De la potestad civil", en *Relecciones teológicas*, t. II, p. 9 y 10.

[20] De Vitoria, "De la potestad civil", en *Relecciones teológicas*, t. II, p. 11.

[21] De Vitoria, "De la potestad civil", en *Relecciones teológicas*, t. II.

derecho natural es usar de la propia libertad”[22]. “Si el hombre no puede renunciar al derecho de defenderse y de usar sus miembros propios para su provecho, tampoco puede renunciar a la potestad a la cual corresponden esos oficios por derecho natural”[23]. “Por lo tanto, si todos los ciudadanos conviniesen en perder todas estas potestades, en no atenerse en ley alguna, en no mandar a nadie, su pacto sería nulo e inválido como contrario al derecho natural”[24].

Debe entenderse que la libertad es ejercer el dominio excluyente de sí mismo lo que desecha toda idea de sometimiento. Los derechos de las personas parten de su misma libertad de poseerse y de participar en la comunidad de la que forman parte irrevocablemente porque es de origen divino (hoy diríamos inalienables e imprescriptibles). Imbuido como estaba de la filosofía clásica y del derecho romano que había formulado una idea universal de ciudadanía, no debería sorprender entonces que, en los propios gabinetes de los Consejos reales, se tomara por válida una idea de particularidad jurídica que parecía contraria al centralismo dogmático que caracterizaba a los modernos Estados que se estaban consolidando en el mundo. Los derechos que él enuncia, no dependen ni pertenecen a un pueblo determinado ni a la religión, se deben considerar con criterio igualmente universales para todos los seres humanos.

Como hemos adelantado, las conclusiones teológicas y jurídicas a las que venimos aludiendo, sentaron las bases para proyectar ideas que reconocieran los derechos fundamentales inherentes a la condición humana. Los derechos humanos suelen asociarse legítimamente con la filosofía de la Ilustración y a las revoluciones holandesa, inglesa, norteamericana y fundamentalmente francesa con las declaraciones políticas formales, que constituyen el más importante antecedente de la Declaración Universal de Derechos Humanos

[22] De Vitoria, “De la potestad civil”, en *Relecciones teológicas*, t. II.

[23] De Vitoria, “De la potestad civil”, en *Relecciones teológicas*, t. II, p. 17.

[24] De Vitoria, “De la potestad civil”, en *Relecciones teológicas*, t. II.

de 1948. Sin embargo, puede afirmarse que fueron los teólogos españoles de la llamada Escuela de Salamanca quienes definieron las bases de los derechos naturales de la humanidad, posibilitando el posterior surgimiento de la filosofía *iusnaturalista* moderna. Desde distintas corrientes del ideario político, incluyendo al marxismo, se sostiene esta posición. Dice MIRAS ALBARRÁN que el pensamiento aristotélico y tomista que establece la prioridad ontológica de la comunidad sobre el individuo garantiza en consecuencia el derecho de todo individuo a tener una comunidad y a protagonizar su soberanía en comunidad. Se une así a la tradición estoica que se desarrolla a partir del derecho romano y propugna la existencia de derechos individuales y universales inherentes a toda persona, fundamentalmente el derecho a la vida, a la libertad y a los recursos que la preservan. El *iusnaturalismo*, surgido a comienzos de la modernidad, es el pensamiento que se expande e inspira a la Revolución Francesa, difundido desde los púlpitos a los campesinos. El pensamiento ilustrado se propagaba por los libros, que solo podían adquirir quienes supiesen leer y tuvieran medios económicos para comprarlos, es decir, las clases pudientes[25]. Al fin y al cabo, ANTONIO GRAMSCI decía que la Revolución Francesa fue una herejía católica, sugiriendo que no era sino la escisión doctrinal de una misma mentalidad y cosmovisión social[26]. Para GRAMSCI, el derecho natural, sobre el que se fundan los derechos del hombre y del ciudadano revela la sustancial continuidad entre la concepción católica del derecho y la que se formula en la misma Revolución[27]. Ciertamente no fue esa la posición oficial de la Iglesia católica romana que en el siglo XIX a través de sus encíclicas papales atacó a la libertad y a la igualdad entre

[25] MIRAS ALBARRÁN, *Res publica. El pensamiento político de Francisco de Vitoria*, biblioteca virtual http://espai-marx.net/elsarbres/wp-content/uploads/2020/02/Res_Publi ca.pdf.

[26] GRAMSCI, *Cuadernos de la cárcel*, Primer cuaderno XVI, t. I, p. 74.

[27] Ver CAPUTO, *Gramsci e le critiche in senso reazionario e revoluzionario ai diritti umanni*, giornale "La Città Futura", 8/12/2019.

las personas, como hizo para condenar al socialismo en *Quod Apostolici Muneris* de León XIII en 1878; al respeto por el gobierno democrático, tal cual lo preconizó *Diuturnun illud* del mismo pontífice en 1888 y con su defensa de la censura, de la represión y su reconocimiento como único e incontrastable derecho, el derecho a la propiedad. Todo esto naturalmente ubica a la Iglesia de Roma en las antípodas de los derechos básicos y fundamentales de los seres humanos.

La Universidad de Salamanca, en pleno renacimiento, apelaba a la más ortodoxa versión escolástica y tomista para renovar una línea de ideas que, así como incluía temas crematísticos en el ámbito de lo ético, también aproximaba la interpretación del derecho de gentes, a ponderaciones que trascendían los fundamentos políticos del poder y vislumbraban los derechos fundamentales de las personas. Sin embargo, hasta por lógica consecuencia, el *iusnaturalismo* racionalista que definiría las reglas de convivencia a partir de la razón y la naturaleza puso prontamente punto final a la escolástica.

Aparece así evidente que los planteos formulados a la "conciencia" castellana, que se habían clavado al día siguiente del "descubrimiento", pasaba, más que por cualquier otro motivo, por la autoridad de la Escuela de Salamanca.

Su influencia no solo dejó huellas en la legislación de Indias. La reflexión que nos llevó suponer su importancia histórica y su influencia ideológica en los tiempos por venir, nació de la verificación de las muy tempranas fundaciones universitarias en el Nuevo Mundo, a diferencia de lo que sucedió con Portugal primero y con otros países colonialistas después, como lo advirtió el gran historiador de la educación HANS STEGER[28].

Ha dicho ÁGUEDA RODRÍGUEZ CRUZ que "la universidad hispanoamericana fue también la principal receptora, aco-

[28] STEGER, *La universidad en el desarrollo social de América Latina*, p. 103 y 104.

gedora, propulsora, de los principios, de las ideas de libertad, que irradiaron de la Escuela de Salamanca, a través del magisterio de FRANCISCO DE VITORIA y de sus discípulos"[29]. Debemos recalcar, sin embargo, que con ese signo transformador que trasladó el eje del saber de lo *supra* natural a lo humano elevándolo al rango de la ciencia y que pensó al derecho como un capítulo de la razón natural, su influencia se hizo sentir sensiblemente en dos de sus primeras y tempranas fundaciones de 1551: la Universidad de San Marcos de Lima y la Universidad de México que adoptaron la estructura y los mismos privilegios que Salamanca. Más tarde, como en España, la universidad hispanoamericana, agobiada por el sectarismo intelectual y la oscuridad de los dogmas, redujo su autonomía corporativa y académica, y si bien se crearon otras importantes casas de estudios universitarios, no tuvieron ya el espíritu que caracterizó y distinguió a su *alma mater.*

Esta referencia a la Escuela de Salamanca busca poner en evidencia que la creación de las defensorías de indios era el reflejo de una nueva significación del ser humano en la historia. Que no era el efecto de la piedad de la católica monarquía castellana, sino la verificación práctica de una nueva visión del mundo que animó el Renacimiento humanista. Alguien la llamó una escalada ideológica del humanismo renacentista español hacia la conquista de los derechos del hombre. Vale también para reflexionar en las raíces del reconocimiento de los que mucho después se llamarían derechos del hombre, tanto como en ideas afines a la soberanía del pueblo y resistencia a la opresión. Pero no parece que se pueda hablar propiamente de los derechos humanos. En los tiempos de la Escuela de Salamanca estaba muy viva la idea de discernir el derecho en la realidad de cada caso concreto. El derecho romano reconocía poderes de las personas sobre ciertas cosas, pero no siempre ni

[29] RODRÍGUEZ CRUZ, *La proyección de la Universidad de Salamanca en Hispanoamérica: Modelo institucional y pedagógico de las universidades latinoamericanas,* "Revista de Educación de Extremadura", nº 4, p. 45.

con todas. Esta fue obra de la pandectística alemana que, a través de esa conceptuación, perjudicó muchas veces los propósitos que animan la protección de los derechos humanos, admitiendo interferencias del poder político excesivas y muy poco respetuosos de sus objetivos[30].

Aun con sus insuficiencias, los derechos humanos como categoría autónoma solo podrán elaborar una teoría jurídica propia a partir de la Declaración Universal de 1948.

[30] VILLEY, *L'idee de droit subjectif et le sistemes juridiques romains*, "Revue de Droit Français et Étrangers", nº 24, p 203. VILLEY interpreta que los derechos humanos se presentan en el marco del afianzamiento del individualismo y con ello a través de una visión recortada del fenómeno jurídico. Concluye impugnando la idea misma de los derechos humanos entendidos como derechos subjetivos.

V

LAS LEYES DE BURGOS Y SUS EFECTOS

La controversia producida por la relación del europeo con el indígena en América, entre muchas otras cosas, generó –aunque los protagonistas no lo supieran– una mirada antropológica diferente y por momentos sorprendente, favoreciendo la evolución del derecho al reconocer condición de personas a los pobladores originarios, a los que muchos no consideraban como tales. Esto puede parecer escandaloso, pero es tan escandaloso como que más de quinientos años después, los pueblos originarios de nuestro continente, a quienes nadie niega hoy su condición de persona, sigan siendo mayormente, desposeídos, pobres y vulnerables.

Si bien no hace al tema, no puede pasarse por alto que en aquellos años la mujer era considerada un "ser no racional, del cual no se sabe si disfruta de alma"[1], de acuerdo a lo que habían venido sosteniendo ARISTÓTELES y TOMÁS DE AQUINO. El tan admirado ERASMO DE ROTTERDAM escribió en su obra magna, *Elogio de la locura,* que "la mujer es, reconozcámoslo, un animal inepto y estúpido, aunque agradable y gracioso"[2].

Sin perjuicio de lo dicho, España "pretendió incorporar al indio con mayor o menor rapidez a la sociedad colonial

[1] MÁRQUEZ DE LA PLATA Y FERRÁNDIZ, *Mujeres pensadoras, místicas, científicas, heterodoxas*, p. 47.

[2] ERASMO DE ROTTERDAM, *Elogio de la locura*, capítulo XVII, p. 52.

que se organizaba precipitadamente en América, sociedad impregnada de técnicas y culturas que se habían elaborado en Europa durante milenios mediante una lenta y paulatina evolución. Tal trasplante se efectuó por medio de la conquista, es decir por medio del empleo de la fuerza y contra la voluntad de la población aborigen"[3]. En ese sentido puede decirse que los españoles no sumaron cultura a la ya existente, sino que la sustituyeron casi totalmente.

Las primeras denuncias en la Corte sobre los atropellos a los "naturales" por parte de los conquistadores, las hicieron frailes dominicos. El primero, en 1511, desde el púlpito de Santo Domingo, en La Española[4], frente al virrey Diego Colón, la hizo el valeroso Antonio de Montesinos, que con su prédica posibilitó que en diciembre de 1512 se sancionaran las llamadas leyes u ordenanzas de Burgos firmadas por el rey Fernando el Católico. En torno a la decidida actitud de Montesinos no puede omitirse una referencia al respaldo que le brindó fray Pedro de Córdoba, figura central en esta lucha contra los abusos de los conquistadores-colonizadores con los naturales, un poco desdibujada finalmente, tal vez por haber sido el primer inquisidor general del Santo Oficio en el Nuevo Mundo[5].

[3] FRIEDE, *Las Casas y el movimiento indigenista,* "Revista de Historia Americana", nº 34, p. 342.

[4] Esa isla conforma en la actualidad los Estados de Haití y República Dominicana.

[5] El orden dominico, incluido BARTOLOMÉ DE LAS CASAS entre los primeros, abogó por la instalación del Tribunal de la Inquisición en América. Aunque la actuación de PEDRO DE CÓRDOBA no registra hechos de mayor trascendencia como Inquisidor General, fue tan importante su misión en defensa de los indígenas y tan poco reconocido por la posteridad, que autoriza suponer que lo arrastró a la opacidad, el desprestigio y la terrible imagen del Santo Oficio. "A medida que avanzaba el tiempo y progresaban las colonias, se hacía cada vez más odioso el tribunal que combatía todo atisbo de ideas nuevas [...] terminando en desprestigio muy grande" (LEWIN, *La inquisición en Hispano América*, p. 182). Vale agregar que esta institución de la Iglesia no tuvo en América la sombría presencia que tuvo en España y Portugal y que los indígenas, al igual que los negros, no estaban sometidos a su jurisdicción, aunque sí los mestizos.

Las fuentes antes citadas en torno a los problemas de "conciencia" que aquejaron a los Reyes Católicos de convertir en esclavos a los indígenas, pueden considerarse sus prolegómenos. Las Leyes de Burgos fueron el primer cuerpo legal dictado para las Indias con carácter general[6]. Expresaban la voluntad de la Corona por convertir a los indígenas al catolicismo y al mismo tiempo protegerlos en sus libertades y derechos contra una forzada e inhumana explotación. La sanción de las Leyes de Burgos marca el origen de una confrontación ideológica que posicionaría de una parte a la corona, por lo menos hasta los tiempos de Felipe II y las órdenes mendicantes (sobre todo la de los dominicos también llamados predicadores) y de la otra a los conquistadores y colonos sumado a otro sector de la Iglesia. Es evidente también que, como reconoce el antropólogo GUILLERMO BONFIL BATALLA, fue "la lucha entre la corona española y los intereses de los conquistadores, lo que propició la legislación de Indias del siglo XVI, en muchos aspectos protectora del indio"[7]. De todas maneras, la corona pronto tomaría una posición dual que la fue alejando de sus preocupaciones originarias. Como ilustra PATRICIO LAZO GONZÁLEZ recogiendo una versión de ENRIQUE GARCÍA HERNÁN, el rey Felipe IV censuró partes de *Política indiana* de JUAN DE SOLÓRZANO PEREYRA, el más importante de los juristas indianos, por razones políticas, a raíz de un texto en el que decía que los indios preferían ver a sus hijos muertos antes que enviarlos a trabajar en las minas para los españoles[8].

[6] Ver OLIVEROS, *La construcción jurídica del régimen tutelar indio*, "Revista del Instituto de Historia del Derecho Ricardo Levene", nº 18, p. 106; SÁNCHEZ DOMINGO, *Las Leyes de Burgos de 1512 y la doctrina jurídica de la Conquista*, "Revista Jurídica de Castilla y León", nº 28, sep. 2012, p. 17.

[7] BONFIL BATALLA, "El indio y la situación colonial. Contexto de la política indigenista en América Latina", en GRÜMBERG (coord.), *La situación del indígena en América del Sur*, p. 27.

[8] LAZO GONZÁLEZ, *Solórzano Pereira, la argumentación al modo del ius comune como práctica jurídico-cultural y política*, "The Legal History Review", p. 1 a 30, especialmente p. 10. Esta versión es recogida también por EDUARDO GALEANO tomando otras fuentes que decían que el propio Felipe II había dicho que las madres mataban a sus hijos para salvarlos del tormento de las

Entre los afanes y la codicia del conquistador-colonizador y estas interpelaciones "morales" que sancionaban las Leyes de Burgos, la situación se presentaba bastante caótica. Dice FRIEDE que los informes llegados de América "solo podían producir confusión, y son en gran parte responsables de la legislación ilusa y a veces abiertamente contradictoria con que se quiso solucionar el problema indígena en el siglo XVI. Sobra decir que, dadas las circunstancias, la legislación indiana según FRIEDE, hace honor a España si se la juzga por el contenido formal de las leyes"[9].

Es muy cierto que, como dice TOMÁS Y VALIENTE, "todo viajero camina con su cultura como equipaje e interpreta lo que encuentra con arreglo a las categorías que su cultura le proporciona". "El viajero es para quien vive en el país visitado, un forastero, el que llega de más allá de las murallas de la cultura que aquel considera descubierta. El intérprete es interpretado; el descubridor, descubierto, y el descubrimiento de un Nuevo Mundo es en realidad doble: un encuentro entre dos mundos recíprocamente nuevos". "Encuentro pleno de ignorancias y malos entendidos"[10], que se tensiona –agregamos– y se rompe inevitablemente favoreciendo al más fuerte: "la fuerza de las cosas se inclina siempre a destruir la igualdad"[11]. La palabra encuentro como explicación del "descubrimiento" de América, pese a la gran consideración que nos merece el historiador del derecho español, no pasa de ser un eufemismo para aliviar la dureza de la palabra conquista. Y no puede ser entendida de otro modo. Hubo una cultura extrapolada dominante y otra hundida y dominada. "No es posible considerar como 'descubridores' –dice ARCINIEGAS–, a quienes en lugar de levantar el velo del

---

minas (*Las venas abiertas de América Latina*, p. 58). Sobre suicidios indígenas por no sobreponerse al mal trato, ver ROSENBLAT, *La población indígena de América*, p. 117 y 118.

9 FRIEDE, *Las Casas y el movimiento indigenista*, "Revista de Historia Americana", nº 34, p. 344.

10 TOMÁS Y VALIENTE, "Las ideas políticas del conquistador Hernán Cortés", en DE SOLANO (coord.), *Proceso histórico al conquistador*, p. 165 a 167.

11 ROUSSEAU, *Du contrat social*, Libro II, Capítulo XI, p. 92.

misterio que envolvía a las Américas, se afanaron por esconder, por callar, por velar, por cubrir todo lo que pudiera ser una expresión del hombre americano"[12]. La indígena quiché guatemalteca, RIGOBERTA MENCHÚ, que recibió el Premio Nobel de la Paz en 1992, afirma que "no debemos olvidar que cuando los europeos llegaron a América, florecían civilizaciones pujantes. No se puede hablar del descubrimiento de América, porque se descubre lo que se ignora o lo que se encuentra oculto. Pero América y sus civilizaciones nativas, se había descubierto a sí mismas mucho antes de la caída del imperio romano y del medioevo europeo"[13].

Nadie lo ilustra mejor que el gran escritor bahiano JOÃO UBALDO RIBEIRO cuando escribe: "Antes de la reducción, la aldea estaba poblada por gente muy ignorante que no tenía siquiera una pequeña lista en la que se consignara qué estaba bien y qué estaba mal y que en realidad ni disponía siquiera de buenas palabras para designar estas dos cosas tan importantes. Después de la reducción se vio que algunos eran malos y otros eran buenos, lo que antes no se sabía"[14]. Ninguna solución por bien intencionada que sea llega a tiempo en esos casos. En su misma formulación, concretado ya el dominio político y territorial del continente, las "soluciones" a los "problemas de conciencia" encontraban alternativas engañosas. Es así que, en julio de 1513, el conocido jurista de la Universidad de Salamanca JUAN LÓPEZ PALACIOS RUBIOS prepara en Valladolid un singular documento llamado de "requerimiento", que se proponía "imaginar" un relacionamiento de los conquistadores europeos con los "conquistados" según fuese la capacidad de comprensión de estos últimos. Para el venezolano MARIANO PICÓN SALAS, era

12 ARCINIEGAS, *América, tierra firme*, p. 35.

13 MENCHÚ, *Un homenaje a los pueblos indígenas*, "Revista Realidad Económica", nº 114-115, p. 78.

14 RIBEIRO, *Vida o povo brasileiro*, p. 39. "Antes do Redução, a aldeia era composta de gente muito ignorante, que nem sequer tinha uma lista pequeña para Bem e o Mal e, na realidade, nem mesmo dispunha de boas palabras para designar esas duas coisas tâo importantes. Desposi da Redução, viu-se que alguns eran maus e outros eran bons apenas antes não sabía".

"aquel curioso 'requerimiento' (una) especie de tratado de teología al aire libre, que cada conquistador está obligado a leer ante sus posibles contendores indígenas, antes que suenen las trompetas, se enciendan las culebrinas y desboquen los caballos sobre las broncíneas tribus asustadas"[15].

Para valorar cabalmente este instrumento técnico legal dirigido a los indígenas, no puede omitirse la irónica mirada del filósofo e historiador búlgaro TZVETAN TODOROV: "Este texto, curioso ejemplo de un intento por dar una base legal al cumplimiento de los deseos. Comienza con una breve historia de la humanidad, cuyo punto culminante es la aparición de Jesucristo, al que declara 'cabeza de todo el linaje humano', especie de soberano supremo que tiene bajo su jurisdicción al universo entero. Establecido este punto de partida, las cosas se encadenan con toda sencillez: Jesús transmitió su poder a Pedro, y este a los papas que le siguieron; uno de los últimos papas regaló el continente americano a los españoles (y en parte a los portugueses). Establecidas así las razones jurídicas de la dominación española, ya solo falta asegurarse de una cosa: de que los indios sean informados de la situación, pues es posible que no se hayan enterado de esos regalos sucesivos que daban los papas y los emperadores. Eso es lo que va a remediar la lectura del 'requerimiento' hecha en presencia de un oficial del rey (pero no se menciona a ningún intérprete). Si los indios se muestran convencidos después de esa lectura, no hay derecho a hacerlos esclavos (en eso es en lo que el texto 'protege' a los indios con concesión de un estatuto). Sin embargo, si no aceptan esa interpretación de su propia historia serán duramente castigados [...] Hay una contradicción evidente que no dejarán de subrayar los opositores del 'requerimiento' entre la esencia de la religión que supuestamente es el fundamento de todos los derechos de los españoles y las consecuencias de esta lectura pública: el cristianismo es una religión igualitaria, pero en su nombre se reduce a los

[15] PICÓN SALAS, "Páginas hispanoamericanas", en PICÓN SALAS, *Viejos y nuevos mundos*, p. 154.

seres humanos a la esclavitud. No solo se confunden poder temporal y poder espiritual, lo cual es la tendencia de toda teología de Estado –provenga o no del Evangelio–, sino que además, los indios solo pueden elegir entre dos posiciones de inferioridad: o se someten por su propia voluntad y se vuelven siervos, o serán sometidos por la fuerza y reducidos a esclavitud [...] Se postula de entrada que los indios son inferiores pues los españoles deciden las reglas de juego"[16]. Precisamente, refiriéndose a este ominoso instrumento, Bartolomé de las Casas dice que no sabe si lo "absurdo" de su contenido "cosa es de reír o de llorar"[17].

Es por el tiempo de la sanción de las Leyes de Burgos en que toma notoriedad Bartolomé de las Casas, propicio e influyente abanderado de la defensa de los indígenas contra el maltrato de los conquistadores-colonizadores. La muerte del rey Fernando en enero de 1516 hizo que la regencia de Castilla recayera en el franciscano cardenal Francisco de Cisneros, que tuvo con De las Casas varias entrevistas y aparentemente acogió en cierto modo los reclamos de fray Bartolomé. En 1516, el regente dispuso la primera política oficial sobre la situación de la población indígena, para lo cual dictó unas "Instrucciones"[18], y encargó a tres frailes de la Orden de San Jerónimo[19] que se trasladaran a las Antillas para llevar a cabo una serie de reformas, de modo especial

[16] Todorov, *La conquista de América. El problema del otro*, p. 158 y 159.

[17] De las Casas, *Historia de las Indias (1527-1561)*, t. III, capítulo 58, p. 216.

[18] Instrucciones que llevaron los frailes jerónimos para la forma que han de tener en el poner en libertad los indios y lo que han de hacer en la isla Española y otras islas, año 1516, en *Colección de documentos inéditos relativos al descubrimiento, conquista y organización de las antiguas posesiones españolas*, tomadas de los Archivos de Indias por L. Torres de Mendoza, vol. XI, p. 258 y ss.; Prescott, *Historia de la conquista de México*, p. 54.

[19] "No podían ser franciscanos ni dominicos pues ambas órdenes habían quedado enfrentadas en La Española a raíz del sermón de Montesinos" (Lucena Salmerón, *Instrucciones dadas a los padres de la Orden de San Jerónimo, fray Luis de Figueroa, fray Bernardino de Manzanedo y fray Alonso de Santo Domingo, para la reformación de las Indias*, 1516, septiembre 3, manuscrito, "Archivo General de Indias", Indiferente General 415, libro 2).

con relación a la abrumada situación de los indígenas, para la cual los empoderó debidamente. Dichas instrucciones contemplaban tres hipótesis para que los pueblos originarios: *1*) viviesen libremente; *2*) tutelados, o *3*) con el régimen de las encomiendas ya imperante. Una vez llegados los jerónimos a La Española y después de un estudio del medio, desecharon la posibilidad de que los naturales vivan en libertad porque iba a resultar social y políticamente inviable en vista del hecho mismo de la conquista. Descartaron también el sistema de las encomiendas establecido, por abusivo y explotador. En consecuencia, resolvieron proponer un régimen de pueblos tutelados que era el que también propiciaba por entonces BARTOLOMÉ DE LAS CASAS. Las opiniones no fueron unánimes y uno de los monjes, partidario del mantenimiento de las encomiendas abandonó la misión y regresó a España. Los jerónimos, tampoco contaron con el pleno apoyo de los dominicos ni de otras órdenes religiosas y menos de los pobladores de origen español, que prontamente pidieron el regreso de los frailes a Europa. Pese a todo, investidos de autoridad para hacerlo, los jerónimos (LUIS DE FIGUEROA y ALONSO DE SANTO DOMINGO –el otro ya había regresado–) llevaron adelante su plan estableciendo un régimen de reducciones que fracasó porque en buena medida partía de la base de los derechos de los indígenas y de sus condiciones de personas libres, cosa que estaban lejos de ser[20]. En una palabra, la misión de los jerónimos no tuvo buenos resultados al punto de haberse considerado sospechosa de claudicación frente a la arrogante intransigencia de los encomenderos.

Como dice FRIEDE: "Los abusos e injusticias que se cometían con la población indígena eran tan obvios y persistentes, que en la primera mitad del siglo XVI solo en muy raras ocasiones se puede encontrar un religioso que no admitiera su existencia y no clamase por el correspondiente castigo, sea

[20] Todas estas referencias están tomadas de MIRA CABALLOS, *La primera utopía americana: las reducciones de indios de los jerónimos en La Española (1517-1519)*, "Jahrbuch für Geschichte Lateinamerikas", nº 39, 2002, p. 9 a 35.

cual fuese su tendencia en relación con el problema indígena. No todos los teólogos exigían por este motivo la abolición de la encomienda o de la esclavitud indígena, pero casi todos abogaban por la imperiosa necesidad de una severa reglamentación y vigilancia de las actividades de los españoles asentados en América"[21]. Tal vez aquellos doctorados teólogos (incluyendo a BARTOLOMÉ DE LAS CASAS) no relacionaron las advertencias que se leen en el Evangelio de Mateo con la realidad que se relataba y menos que se vivía en los territorios recientemente conquistados: "Guardaos de los falsos profetas que vienen a vosotros con vestidos de ovejas, pero por dentro son lobos rapaces" (7:15). "No puede el buen árbol dar malos frutos, ni el árbol malo dar frutos buenos" (7:17). La proposición evangelizadora que se invocaba y el hecho mismo de la conquista, contradictorios en sí mismos, efectiviza-

[21] FRIEDE, *Las Casas y el movimiento indigenista*, "Revista de Historia Americana", nº 34, p. 378. En el sentido indicado, ver ORIQUE, *Un muy breve relato de una vida muy larga: Bartolomé de Las Casas (1484-1566)*, "Itinerantes. Revista de Historia y Religión", nº 7, p. 93 y 94. Las denuncias contra el maltrato a los indígenas provenían aun de algunos religiosos que fueron encarnizados perseguidores de los naturales por no abandonar sus creencias religiosas e "idolatrías", como fray Diego de Landa en Yucatán. Un caso parecido, pero más grave porque no consideraba humanos a los naturales, fue el de PEDRO MÁRTIR DE ANGLERÍA, eclesiástico italiano formado en Roma y "humanista", que justificó una matanza de cuarenta indios a los que se les lanzaron los perros para que los devoren, por incurrir, supuestamente, en "sodomía y otros crímenes nefandos" (*Décadas del Nuevo Mundo*, L I, Capítulo 2, p. 200). Más aún, JUAN GINÉS DE SEPÚLVEDA, connotado y acérrimo contradictor de DE LAS CASAS en relación con la consideración de la situación de los indígenas, su natural "inferioridad" y la licitud de la guerra en contra de ellos por su culpa colectiva dada su condición pagana, reconoce que "los poblados habían quedado reducidos a desiertos por la avaricia y crueldad de los nuestros y que muchos habían sido hechos esclavos contra todo derecho humano y divino" (*Obras completas*, Libro XXI, t. XIV). Son innumerables los religiosos españoles que asumieron la defensa de los indígenas y denunciaron los abusos de los conquistadores-colonos, la mayoría de ellos frailes dominicos y franciscanos, jesuitas de las misiones del Paraguay y numerosos prelados. En esta relación no se debe omitir a los juristas Antonio y Diego de León Pinelo (este había nacido en Córdoba, actual territorio argentino en 1608), Juan de Solórzano Pereira, Juan de Padilla (peruano), al oidor Alonso de Zorita, y hasta el gobernador de Buenos Aires Andrés de Robles.

ban rudamente la advertencia bíblica. Eran los inexorables frutos de la conquista iniciada en 1492.

Pero más allá de la situación que pudiera afectar la sensibilidad de cada uno con relación al abusivo sometimiento de las poblaciones indígenas, todos los reclamos que se hicieron, más que en un imperativo de la conciencia individual, fuese religioso o no, se sustentaban, por lo menos hasta casi un siglo después de la llegada de Cristóbal Colón al Nuevo Mundo, en las llamadas Leyes de Burgos, es decir, en el derecho escrito. La ley no callaba ni omitía la situación, hubo lisa y llanamente abuso y aprovechamiento de la fuerza en las malévolas ambiciones de los conquistadores-colonizadores en contra los habitantes originarios de América.

Uno de los más importantes efectos de las ordenanzas de Burgos –que confirma lo que acabamos de decir– fueron las llamadas "leyes nuevas" sancionadas en 1542 por el emperador Carlos V, que ordenaron suprimir las encomiendas que favorecían a funcionarios, prelados y conventos y prohibirlas para el futuro de modo tal que al caducar las encomiendas ya concedidas (durante la vida del conquistador y la de un heredero), los indígenas deberían quedar en libertad. Previendo que iban a ver muchas dificultades para aceptar estas normas (como las hubo) y que podían convertirse en letra muerta (como cayeron por vía de su derogación), la Corona nombró funcionarios enérgicos y capacitados para hacerlas efectivas. Al mismo tiempo se crearon audiencias en Lima y Guatemala con el encargo especial de velar por el cumplimiento de estas leyes. Ots Capdequí –a quien venimos siguiendo en este punto– nos informa que "la protesta como se esperaba, fue general y violenta. En el Perú, el rigor inflexible del virrey Blasco Núñez Vela provocó una sangrienta sublevación que costó la vida al propio virrey. En Nueva España, la prudencia del visitador Tello de Sandoval y del virrey Antonio de Mendoza, evitaron que lo sucesos tuvieran también derivaciones trágicas. Se suspendió la aplicación de estas leyes, y entretanto, el cabildo de la ciudad de México, envió sus procuradores a España para elevar ante el monarca las quejas de los encomenderos, consiguiendo al cabo en 1545 la derogación de aquellas leyes de 1542 que ordenaban la abolición de la encomienda"[22], por la que tanto había luchado Bartolomé de las Casas.

[22] Ots Capdequí, *Manual de historia del derecho español en las Indias*, p. 216 y 217.

VI

RAÍCES ROMANÍSTICAS DE LA PROTECTORÍA DE INDIOS. MISERABILIDAD Y NATURALEZA DE SUS FUNCIONES

Según Francisco Cuena Boy, "el punto de partida y razón de ser de una función como el amparo de los naturales y de un oficio como el protector de indios, se encuentra en una doctrina jurídica particular cuyo arranque se remonta a la legislación romana del Bajo Imperio y en virtud de la cual los habitantes originarios de las Indias –los naturales de ellas– llegarán a ser considerados en conjunto como 'personas miserables', necesitadas por esta razón de un trato jurídico especial o privilegiado. A decir verdad, no les hubiera sido difícil a los autores españoles de los siglos XVI y XVII encontrar para el protector de indios otros precedentes igualmente romanos, como por ejemplo el *defensor civitatis* que asumió a partir del 368 la tutela de la plebe frente al abuso de los potentes"[1], o el Tribuno de la Plebe al que este autor le reconoce semejanzas[2]. Solórzano Pereira en su clásica

[1] Cuena Boy, *Utilización pragmática del derecho romano en dos memoriales indianos del siglo XVII sobre el Protector de Indios*, "Revista de Estudios Históricos Jurídicos", t. XX, p. 107.

[2] Esta última aclaración viene al caso porque Francisco Cuena Boy, reputado romanista de la Universidad de Santander, se hace cargo de una afirmación del historiador del derecho neerlandés-mexicano Guillermo Mar-

obra *Política indiana*, publicada en 1647, hace una más amplia comparación que incluye al tribuno al decir que "Novísimamente (aunque para otro intento) dicen mucho del, y de las varias especies que en el derecho romano, y de otras naciones se han usado y usan de protectores"[3]. El derecho romano conoció solo dos instituciones de este tipo: el tribuno de la plebe y el *defensor civitatis,* de modo que a ambas se refiere SOLÓRZANO. Esta inadvertencia de los juristas indianos –continua CUENA BOY– les hizo pasar por alto el paralelo, prefiriendo caracterizar a esta institución como una especie de tutela, "resultado que ayudó indudablemente la extensión a los indios en masa de los beneficios y privilegios que la tradición del *ius commune* reconocía desde antiguo a algunas categorías de personas señaladas en derecho como miserables"[4]. "Tanto el *defensor civitatis* como el protector de indios nacen con la finalidad de procurar algún amparo a amplios sectores de la población en condiciones de inferioridad económica, jurídica y social, frente a los abusos y la presión de que son fácilmente objeto por parte de los genéricamente poderosos y de los miembros de la propia Administración"[5].

Los memoriales de los procuradores de indios en su formulación jurídica dejan claro la influencia del *ius commune* heredado del derecho romano a través de España, tal como lo han reconocido connotados juristas latinoamericanos y españoles[6].

GADANT, que con cierta ligereza desmerece la significación de la antigua magistratura del tribuno de la plebe, despojándola de su gran trascendencia histórico institucional (MARGADANT, *El tribuno de la plebe, un gigante sin descendencia,* "Revista Index", nº 7, p. 169 y siguientes).

[3] SOLÓRZANO PEREIRA, *Política indiana,* Libro II, Capítulo XXIX, 50, t. I, p. 213.

[4] CUENA BOY, *Utilización pragmática del derecho romano en dos memoriales indianos del siglo XVII sobre el Protector de Indios,* "Revista de Estudios Históricos Jurídicos", t. XX, p. 108.

[5] CUENA BOY, *El defensor civitatis y el protector de indios. Breve ilustración en paralelo,* "Ius Fugit. Revista Interdisciplinar de Estudios Histórico Jurídicos", vol. 7, p. 181. Ver, también, RUIGÓMEZ GÓMEZ, *Una política indigenista de los Habsburgo: el protector de indios en el Perú,* p. 163.

[6] Ver BOGGINO (coord.), *El derecho romano y los derechos indígenas: síntesis de América latina,* 18-20 de agosto de 1994, Xalapa, Veracruz, 1996 p. 31.

"Lo notable –dice CUENA BOY– es ver cómo llevan a cabo sus autores la asimilación o el encuadramiento de la figura novedosa del protector a la tradición del *ius commune*: evidentemente es en este proceso donde la intervención del derecho romano resulta decisiva"[7].

En el lenguaje jurídico la palabra "miserable" (objeto de conmiseración) aparece por primera vez en una constitución imperial de Constantino relacionada a la intervención del emperador en las causas que afecten a pupilos, viudas y otras personas "miserables"[8], a las que se agregaron posteriormente las personas incurables e inválidos en una enumeración no excluyente[9]. Ya en tiempos coloniales, GABRIEL ÁLVAREZ DE VELASCO incluye "extranjeros, rústicos pobres, menores, cautivos, personas eclesiásticas, sirvientes de la ciudad, meretrices, escolares, penitentes públicos, encarcelados, neófitos, solteras, soldados, pródigos"[10], entre otros, en una lista que considera muy extensa y a la que cuestiona, considerando que únicamente deben estar en ella los admitidos en el código de Justiniano[11].

En igual sentido, TOMÁS Y VALIENTE, *Manual de historia del derecho español*, p. 310 y siguientes.

[7] CUENA BOY, *Utilización pragmática del derecho romano en dos memoriales indianos del siglo XVII sobre el Protector de Indios*, "Revista de Estudios Históricos Jurídicos", t. XX, p. 127.

[8] *Codex Iustinianus*, Libro III, Título XIV, 1 en Cuerpo del Derecho Civil Romano a doble texto traducido del latín al castellano, segunda parte, t. I, p. 337. Este texto había sido consignado anteriormente en el *Código Teodosiano*, Libro I, Título 2, Constitución 2, según ha sido constatado debidamente (ACEDO RICO, *Instituciones prácticas de los juicios civiles*, Parte III, Capítulo IV, p. 494).

[9] Ver, también, ALFONSO EL SABIO, *Las Siete Partidas (El libro del Fuero de las Leyes)* partida III, título 23, ley 20, p. 165.

[10] ÁLVAREZ DE VELASCO, *Privilegiis Pauperum et Miserbilium Personarum (1630-1636)*, Pars II, proemium 4, p. 3. *"Miserabiliumque numerum (praeter iam relatos) ex peregrinis, rusticis pauperibus, minoribus, captivis, Ecclesia, Ecclesiasticis personis, his servientibus civitate, scholaribus, publice poenitentibus, expositis, senibus, caecis, carceratis, noviter ad fidem convertis, cruce signatis, Virgine, Caelibe nupta inutilem maritum habente, milite, prodigo, aliisque in discursu adducendis, iuris monarchae componunt"*.

[11] ÁLVAREZ DE VELASCO, *Privilegiis Pauperum et Miserbilium Personarum (1630-1636)*, Pars II, proemium 4, p. 3 y 4.

Esta condición tenía un objetivo protector otorgando ventajas procesales a las personas que por su especial debilidad, postergación o desabrigo se encuadraban en la categoría de *miserabiles personae*[12]. Los indios estaban en la condición de los incapaces relativos; se los consideraba incapaces para obrar, lo que justificaba su tutelaje a través de un protector. Es precisamente al indígena como "persona miserable" en que se patentiza la influencia del derecho romano. Como dice ÁNGELA CATTÁN ATALA: "bajo la condición o calidad de personas miserables se estableció un sistema jurídico particular que condicionó el régimen jurídico de los indios"[13]. La "miserabilidad" se fundaba, en el pensamiento de los juristas indianos, en la gentilidad y la pobreza de los naturales.

Adviértase que estos precedentes romanos en cierto modo asumen la sentencia del Libro de los Salmos: "Padre de los huérfanos y tutor de las viudas es Dios en su morada santa" (68:6), y "Dios de los desvalidos adereza una casa, abre a los cautivos la puerta de la dicha" (68:7).

La "miserabilidad" no tenía una definición jurídica propia. Era una condición de vulnerabilidad y desamparo que se producía por la objetivación de sus condiciones personales. Se consideraba a los indios como menores y por ese motivo debían gozar los favores y privilegios que se le conferían a estos al igual que a los pobres, a las viudas y a los huérfanos y no solo en el ámbito judicial. "Pero, además, los indios vivían en un estado de opresión. He ahí la flexibilidad ínsita en el concepto de la *persona miserabilis*, cuyo carácter privilegiado y condescendiente subyacía tanto en el paradigma lascasiano como en la interpretación de la norma y en la práctica jurídica del *ius commune*. Precisamente, esa textura abierta de la ley imperial romana y el carácter flexible casuístico del *ius commune*, permitieron la

12 BÁDENAS ZAMORA, *Los litigantes miserables ante la justicia de Fernando VII*, p. 33 y 34.

13 CATTÁN ATALA, *El derecho romano y la libertad de los indios en el Nuevo Mundo*, "Revista Chilena de Historia del Derecho", nº 17, 1991, p. 23.

consideración de los indios como un grupo más de personas miserables"[14].

No han sido pocos los autores que consideraron al protector de indios como parte de un sistema tutelar para los indígenas por su incapacidad jurídica, es decir, por su condición de "miserabilidad". Pero debe interpretarse que el protector de indios como su antecesor, el *defensor civitatis* y naturalmente el Tribuno de la plebe, tuvieron competencias que excedían en mucho las que se podrían considerar propias de un tutor, incluso en la hipótesis de una tutela administrativa[15]. Dice NOVOA CAÍN que "los protectores de indios, pero en particular el protector general, tenían la obligación genérica de velar por el buen estado de los indios y protegerlos de los funcionarios públicos". Esto no es lo propio de una tutela, sino de una defensa. El mismo SOLÓRZANO advierte que el uso confuso de los términos se origina seguramente en el hecho de que en el derecho romano las figuras del *curator minoris* y tutor se asimilan, al establecerse curadores de oficio para los menores. En el antiguo derecho romano, cuando por razón de la edad (se alcanzaba la plena capacidad a los catorce años) terminaba la tutela, la mujer, a causa de su sexo, caía en tutela perpetua; pero el varón púber *sui juris* quedaba completamente capacitado. En algún momento se consideró que las facultades intelectuales tardan más en desarrollarse que las fuerzas físicas, y el que alcanzaba la pubertad tenía aún poca experiencia; por eso se buscó el modo de organizar una protección para los menores de veinticinco años. Este fue el objeto de la ley *Plætoria*, posteriormente de la *in integrum restitutio* (mecanismo de defensa en virtud del cual se rescindía lo actuado en perjuicio del menor) y por último, de las instituciones de curadores permanentes[16].

[14] VARGAS DEL CARPIO, *Los indios como personas miserables en Bartolomé de las Casas: la jurisdicción eclesiástica como remedio para las Indias*, "Revista de Estudios Histórico-Jurídicos", t. XVLL, p. 400.

[15] Ver CUENA BOY, *El defensor civitatis y el protector de indios. Breve ilustración en paralelo*, "Ius Fugit. Revista Interdisciplinar de Estudios Histórico Jurídicos", vol. 7, p. 183.

[16] Ver PETIT, *Tratado elemental de derecho romano*, p. 165.

La condición de "miserabilidad" en principio hacía alusión a factores circunstanciales provocados por el mismo hecho de la conquista, como el casi nulo conocimiento del idioma castellano, su pobreza material, la desventajosa situación por la debilidad a la que habían sido arrojados por la derrota militar, etcétera. Pero más tarde la "miserabilidad" fue un instrumento para perpetuar la situación de inferioridad de casta de los indígenas, descalificando su condición por su poca racionalidad, su imbecilidad, rusticidad e ignorancia. Se explica así el tránsito de una institución de defensa de derechos a otra de tutela y de representación promiscua. Se trasladó el eje de la institución. Lo que comenzó como un reclamo por el maltrato y el abuso contra los indígenas fue agostándose para concluir en una función procesal. Dice bien CUENA BOY que "partiendo siempre del dato legislativo, la doctrina de los juristas no tarda en buscar la afinidad de la Protectoría y del protector con la tutela y el tutor, cubriendo de este modo aquellas instituciones novedosas con el manto explicativo de otras completamente asentadas en la tradición del *ius commune*"[17], y agrega: "según la ciencia de los juristas, el protector es el tutor de los indígenas, pero esta afirmación es del todo insuficiente para comprender su funcionamiento y determinar el régimen jurídico [...] de alguna manera la Protectoría encarnaba una especie de tutela legal o administrativa lo cual favorecía su contemplación también desde el *ius publicum*"[18].

Surge claramente de lo expuesto que la institución de la Protectoría de Indios comenzó teniendo un alcance más genérico y hasta reivindicativo y político al que se reconocería como Defensoría de los Indios para pasar luego a uno más reducido de carácter tutelar por incapacidad ("miserabilidad"), identificado a una procuraduría procesal. CONSTANTINO BAYLE,

[17] CUENA BOY, *Utilización pragmática del derecho romano en dos memoriales indianos del siglo XVII sobre el protector de indios*, "Revista de Estudios Históricos Jurídicos", t. XX, p. 129.

[18] CUENA BOY, *Utilización pragmática del derecho romano en dos memoriales indianos del siglo XVII sobre el protector de indios*, "Revista de Estudios Históricos Jurídicos", t. XX, p. 133.

en su obra pionera acerca de esta institución, parece adscribir a una concepción amplia al identificarlo como un "abogado total", como un medio de correcciones y vigilancia del complejo aparato institucional indiano. Caracteriza al protector como defensor de los indios cuyas armas eran la investigación, la información, la denuncia y el pedido de castigos frente a los atropellos. Afirma también que los protectores debían hacer valer los derechos de los nativos ante la justicia como ante el gobierno. Debían velar para que se cumplan las leyes y al mismo tiempo proponer aquellas necesarias para mejorar su situación material[19].

[19] Bayle, *El protector de indios*, p. 66.

VII

APUNTES CANÓNICOS

En relación con la antes aludida constitución del emperador Constantino, para comprender mejor la decisiva posición de la Iglesia y de muchos de sus integrantes de entonces, puede resultar de interés tomar en consideración normas y principios del derecho canónico, vastamente invocados por los religiosos más comprometidos en la defensa de los derechos de los indígenas, en particular por BARTOLOMÉ DE LAS CASAS. Apelaban en apoyo de sus posiciones al decreto DE Graciano, base del *Corpus Iuris Canonici*, en el que se prescribe a los obispos el deber de defender a las viudas, a los huérfanos y a los oprimidos (Dist. 87 c.1) a la vez que establece que los que así no lo hicieran deberían ser duramente castigados (Dist. 84, c. 1,2) y según se deduce de una disposición conciliar (C. 24, q. 3, c 21), un obispo podía y debía excomulgar a aquellos que robaran a los clérigos y pobres y no acudieran a la citación[1].

Asimismo, DE LAS CASAS y sus aliados en la causa de la defensa de los derechos de los pueblos originarios hallan elementos formativos para justificar la competencia de la Iglesia

[1] Todas estas referencias a las decretales, al igual que las citas indicadas y referencias a las normas canónicas invocadas por DE LAS CASAS, están tomadas de DUVE, *Algunas observaciones acerca del modus operandi y la prudencia del juez en el derecho canónico indiano*, "Revista de Historia del Derecho", nº 35, p. 195 a 226. En este caso la referencia corresponde a la p. 203.

en asumir ese papel, en el principio de "proteger a los débiles y desafortunados", especialmente a las "viudas, los huérfanos, los pobres, pero también los peregrinos, los comerciantes, los enfermos y los viejos, en fin sobre todos aquellos que constituyen una unidad definida por su necesidad de ser protegidos y ser objeto de las obras de caridad y cuya protección formaba parte de la misma definición de la justicia: *iustitia est in suveniendis miseris*"[2]. Por otra parte, en las decretales de Graciano, un fragmento de San Jerónimo (citado en C. 23, q. 5, c. 23) que dice explícitamente que, entre las tareas especiales de los gobiernos, "está la de abogar por los débiles, entre los que se nombra a los oppressos, et peregrino, *pupilloque et viudae*, es decir los grupos típicamente asociados a las personas *miserabilis*"[3].

Una decretal del papa Inocencio III del año 1208 (X. 2. 2. 10) restringe claramente la competencia eclesiástica sobre los asuntos de las viudas a los casos en que se tratara de un defecto *iustitiae* (judicial)[4]. Por último, Panormitano (ANTONIO BECCADELLI) considera a las viudas y a los huérfanos como *personae miserabilis* siempre y cuando cumplan con el requisito de ser pobres[5].

Estos apuntes canónicos indican que más allá de la piadosa caridad que impelía a los teólogos del siglo XVI a movilizarse a favor las *personae miserabiles* (indios), sus acciones estaban sustentadas en el derecho canónico en cualesquiera de los extremos que la interpretación de *ius canonici* autori-

[2] DUVE, *Algunas observaciones acerca del modus operandi y la prudencia del juez en el derecho canónico indiano*, "Revista de Historia del Derecho", nº 35, p. 204.

[3] DUVE, *Algunas observaciones acerca del modus operandi y la prudencia del juez en el derecho canónico indiano*, "Revista de Historia del Derecho", nº 35, p. 205.

[4] DUVE, *Algunas observaciones acerca del modus operandi y la prudencia del juez en el derecho canónico indiano*, "Revista de Historia del Derecho", nº 35.

[5] DUVE, *Algunas observaciones acerca del modus operandi y la prudencia del juez en el derecho canónico indiano*, "Revista de Historia del Derecho", nº 35, p. 210.

zaba: desde el decreto de Graciano que manda a los obispos a defender a las viudas, a los huérfanos y los oprimidos, que, con origen en los Salmos, arraigaba en el Código Teodosiano y en la Constitución de Constantino, hasta la más estricta interpretación que nos llega del bajomedieval Panormitano (huérfanos y viudas pobres). La lucha en defensa de los indios no obedecía a consideraciones políticas ni de oportunidad como algunos equivocadamente suponen; no es el prefacio a un libro negro de la conquista española de América; fue, por el contrario, el enjundioso cumplimiento de decretos impuestos a la jerarquía eclesial cuyo desconocimiento o falta de acatamiento los hacía también a ellos pasibles de reprimendas y castigos. No había utopías en el pensamiento de De las Casas y sus seguidores, sino una legítima interpelación por la aplicación de las normas del derecho entonces vigente. Todo esto naturalmente más allá de su efectividad y hasta de la sinceridad de ese compromiso.

VIII

BARTOLOMÉ DE LAS CASAS

La Protectoría de Indios tuvo en el transcurso de su historia marchas y contramarchas de contenido jurídico, razón por la cual no pudo lograr firme arraigo. Su principal dificultad fue, sobre todo en sus primeros años de existencia, definir objetivos y alcances de sus facultades, no siempre precisos y por momentos confusos, según ya hemos visto. Por otra parte, durante algún tiempo, la designación formal de sus titulares fue dudosa. De lo que no hay dudas es que fray BARTOLOMÉ DE LAS CASAS fue (de *iure* o de *facto*) el protector universal de los indios de Indias y que seguramente nunca lo hubo mejor. FRIEDE llega a decir que "DE LAS CASAS es ante todo la cabeza de un movimiento, el organizador de un verdadero 'partido'; del único 'partido' pro indígena habido hasta hoy en España y América (nuestros tiempos inclusive), que tuvo una resonante influencia sobre la realidad americana y la legislación indiana"[1].

DE LAS CASAS había sido encomendero y supo disfrutar en su momento de beneficios de la explotación indígena, pero hacia 1515 después de sus experiencias en Cuba, renunció a sus privilegios señoriales y viajó a España con fray Antonio de Montesinos para entrevistarse en Plasencia con el rey Fernando

[1] FRIEDE, *Las Casas y el movimiento indigenista*, "Revista de Historia Americana", nº 34, p. 340.

y denunciarle el incumplimiento, tanto de las Leyes de Burgos, como de la política tuitiva que los monarcas habían establecido desde las primeras capitulaciones a favor de los indígenas.

Antes de avanzar con el pensamiento y la obra de BARTOLOMÉ DE LAS CASAS, queremos hacer algún comentario en torno a un aspecto que en cierto modo podría ensombrecer su figura. Afirmaba ADOLFO DE CASTRO que "se cree que por su consejo se autorizó la introducción de esclavos negros en América"[2]. Además, JUHA PEKKA HELMEIN afirma que DE LAS CASAS no fue un pacifista absoluto y que era partidario de la guerra contra los turcos y musulmanes porque la creía justa, además de que era lícito tomar esclavos de los vencidos. Con citas del propio DE LAS CASAS, el autor finlandés da cuenta que fray BARTOLOMÉ promovió la introducción de esclavos negros incluso hasta los tiempos en los que se desempeñó como obispo de Chiapas, concluyendo además que al fraile sevillano lo animaba un espíritu racista proveniente de su descendencia de judíos conversos lo que lo llevaba a considerar inferiores a judíos, moros y negros, aunque en esa escala dejaba mejor posicionados a los judíos[3].

Cabe decir que DE LAS CASAS no fue el primero ni el único en formular la sugerencia de introducir negros esclavos[4], aunque es cierto que él lo pensó y se lo propuso al cardenal Cisneros, regente de España, en 1516. En algún momento se escudó en el argumento de que la esclavitud de los negros efectivamente existía aún en Europa y además porque los negros eran más resistentes para el trabajo que los indios americanos. Pobre justificación por cierto la de DE LAS CASAS, pero de los que se habría de arrepentir muy dolorido más tarde: "Deste aviso que dió el clérigo [DE LAS CASAS habla en tercera

[2] CAMPLANI, *La defensa de los negros en Bartolomé de las Casas,* § 5.

[3] PEKKA HELMEIN, *Las Casas, los judíos, los moros y los negros,* "Cuadernos Hispanoamericanos", feb. 1993, nº 512, p. 23 a 28.

[4] Sobre la temprana introducción de negros esclavos a las Indias, ver CORTÉS LÓPEZ, *Esclavo y colono.* ¡Si hasta el mismo Sancho Panza quiso lucrar con ellos! (*Don Quijote de la Mancha,* primera parte, capítulo XXIX).

persona] no poco después se halló arrepiso, juzgándose culpado por inadvertente, porque como después vido y averiguó, según parecerá, ser tan injusto el captiverio de los negros como el de los indios, no fue discrédito remedio el que aconsejó que se trujesen negros para que se libertasen los indios, aunque el suponía que eran justamente captivos, aunque no estuvo cierto que la ignorancia que en esto tuvo y buena voluntad lo excusase delante el juicio divino"[5].

Aunque no se pueden negar los hechos, es a nuestro juicio incorrecto afirmar una actitud afro-esclavista y racista por parte del fraile español. Todo su comportamiento desde que fue encomendero y hasta que llegó a obispo, estuvo condicionado por los valores y conceptos de la época y los lugares en los que le tocó actuar durante la conquista del Nuevo Mundo, lo que no lo exime de responsabilidad. Pero luego su conducta en defensa de los más vulnerables y su arrepentimiento fueron ejemplares.

Su pensamiento queda señalado en la obra más importante que escribió: *Historia de las Indias,* donde manifestó que "todas las naciones del mundo son hombres, y de cada uno de ellos es una no más la definición: todos tienen entendimiento y voluntad, todos tienen cinco sentidos exteriores y sus cuatro interiores"[6].

En plena Revolución Francesa, HENRI GREGOIRE, obispo de Blois, de pensamiento revolucionario y abolicionista ya había refutado aquella imputación: "Entre los difamadores de DE LAS CASAS, unos le acusan de haber introducido el comercio de los negros; otros, sin darle esta horrible iniciativa, pretenden que, para liberar a sus queridos indios, propuso al gobierno español sustituir los africanos. Estas imputaciones, reproducidas recientemente, sirven de pábulo a la malignidad, y de consuelo a la debilidad que oscurecería una virtud sin mancha. Por otra parte, los historiadores y

[5] DE LAS CASAS, *Historia de las Indias (1527-1561),* t. III, capítulo 102, p. 474.

[6] DE LAS CASAS, *Historia de las Indias* (1527-1561), t. II, capítulo 58, p. 212.

sus lectores encuentran en general ser más fácil repetir que acreditar"[7].

Dice CLARA CAMPLANI: "A pesar de todos los límites típicos de su época que tuvo y de los errores que pudo haber cometido, el dominico no puede ser considerado el responsable moral de la trata de esclavos africanos en América, ni mucho menos el iniciador de un pensamiento racista. Si no pudo dedicarse plenamente a la defensa de los negros, los defendió igual que a los demás pueblos débiles y oprimidos por la naciente civilización colonialista europea, con sus escritos y con su rigor moral"[8].

El tema de la esclavitud africana no fue el único con el que se procuró desmerecer la trayectoria de BARTOLOMÉ DE LAS CASAS. Algunos afirmarán que cobró honorarios como procurador de intereses indígenas estando radicado en España en la última parte de su vida y que se aprovechó personalmente de importantes sumas que le confirió la caja real[9], más allá de las destempladas reacciones de ciertos autores, sobre todo españoles, algunos muy prestigiosos, a los que la postura de aquellos religiosos y juristas defensores de los derechos de los indígenas, más allá de las evidentes exageraciones en que pudieron haber incurrido, in-

[7] GREGOIRE, *Apologie de Barthelemy de las Casas, èvêque de Chiappa*, p. 3. *"Parmi les detracteurs de Las Casas l'accusent d'avoir introduit la traite des nègres; le autres, sans lui donner cette affreuse initiative, prètendent que, pour epargner ses chers Indies, il proposa au gouvernement espagnol de luer substituer les Africains. Ces inculpations, reproduites recemment encore, servent d'aliment à la malignité, et de consolation à la floibesse qu'offusqueroi une vertu sans tache. D'ailluers les historiens et leurs lecteurs retruvent en général qu'il est plus commode de répéter que de vérefier. Je l'ai remarqué, sour tout en faisant des recherches don ton va lire le résultat"*.

[8] CAMPLANI, *La defensa de los negros en Bartolomé de las Casas*, § 31.

[9] Ver FRIEDE, *Las Casas y el movimiento indigenista*, "Revista de Historia Americana", nº 34, extensa y erudita nota 40 de la p. 390. Ver, también, BELLINI, *Motolinía y Las Casas frente al hombre de América*, "Thesaurus. Boletín del Instituto Caro y Cuervo", t. XLV, p. 554 a 571. Motolonía era el apelativo indígena del franciscano fray Toribio Benavente, que aunque no detentó el cargo, fue un gran defensor de los indios. Sus diferencias con DE LAS CASAS se fundaban en el extremismo religioso de aquel y en las ideas francamente revolucionarias (para entonces) de este.

terpretan como un agravio a España. Así, por ejemplo, Ramón Menéndez Pidal, quien sorprendentemente ataca –dicho sea al pasar, con todo respeto al sabio historiador y filólogo del que de tantos conocimientos somos deudores– a De las Casas, poniéndose en una posición que no hubiera sido siquiera compartida por intelectuales y gobernantes laicos o religiosos del siglo xvi[10]. El ofuscamiento seguramente lo lleva a decir también: "las Leyes de Indias, modelo de colonización moderna no superado, cuyo alto espíritu se resume en aquella disposición de Felipe II que ordena castigar las injurias y el maltrato de los españoles contra los indios con mayor rigor que si los mismos delitos fuesen cometidos contra los españoles y los declara por delitos públicos"[11]. Esto sin hablar de los excesos apologéticos de Salvador de Madariaga cuando juzga complejo irracional "dejar caer en el olvido todo el inmenso amor al indio que resplandece en la conquista y europeización de América por España"[12].

Hay quien atribuye a Benito Feijóo, lúcido ensayista y polígrafo gallego del siglo xviii, enemigo de la ignorancia y de las supersticiones, referirse a De las Casas como "letradillo envidioso"[13] cuando mencionando las "hazañas" de Hernán Cortés en México dice: "Qué lástima ver arriesgado el honor de tan gloriosas empresas en las cavilaciones de un letradillo que oraba en el tribunal, por el furor de un envidioso"[14]. Que Feijóo aludía a De las Casas no lo hemos podido verificar, pero la opinión que le merecen al monje gallego los naturales de América (a los que jamás conoció personalmente), hacia los que se expresa con palabras infamantes, acusándolos de no tener casi naturaleza humana, de que eran

[10] Menéndez Pidal, *El padre Las Casas: su doble personalidad.*

[11] Menéndez Pidal, *Los españoles en la historia*, p. 113.

[12] Madariaga, "Presente y porvenir de Hispanoamérica", en Madariaga, *Obras escogidas. Ensayos*, p. 525.

[13] Bertomeu, *Filosofía, lengua castellana y modernidades*, "Arbor", t. CLXXXIV, vol. 184, nº 734, p. 1052.

[14] Feijóo, "Glorias de España", en Feijóo, *Teatro crítico universal*, discurso 13, § XXIII, nº 86, t. IV, p. 393.

más irracionales que las mismas fieras y muy burdamente que se devoraban unos a otros[15], no contribuye a forjar el pedestal de gloria del ilustrado benedictino orensano. Más aún, si es cierto que pensaba en fray BARTOLOMÉ DE LAS CASAS al hablar de un "letradillo envidioso", por el contenido de sus afirmaciones, no es solo a él a quien descalifica, sino a FRANCISCO DE VITORIA y a toda la Escuela de Salamanca.

En relación con fray BARTOLOMÉ DE LAS CASAS, no fue esa, sin embargo, una postura sin fisuras aun por parte de aquellos que tuvieron una muy perfilada visión hispanista de la conquista y colonización de América. Así por caso RICARDO LEVENE, canónica figura de la academia argentina, sobre el que hemos vertido alguna opinión crítica en este mismo texto, ha escrito que DE LAS CASAS "es el apóstol combativo que ha lanzado palabras terribles como proyectiles, sangrando los espíritus egoístas y sensuales". Y prosigue: "asombra la imperturbabilidad de su carácter, que no cedía un punto aun a las amenazas de los poderosos. Apasionado e íntegro era capaz de decir toda la verdad ante el mismo emperador, señalando el culpable que tenía a su diestra. Lo fue para descubrir en su 'historia' la llaga oculta de la venalidad y sórdido interés de muchos defensores de las encomiendas ya se tratara de los franciscanos o del arcediano Fonseca y otros consejeros que tenían indios repartidos para sí propios; o para llamar a los encomenderos por su verdadero nombre: el de lobos hambrientos"[16].

Para FRIEDE las ideas políticas lascasianas relativas a los naturales se resumen en estos puntos: *1*) negación del derecho de los conquistadores y por extensión de todos los españoles americanos a prerrogativas especiales económicas y políticas; *2*) negación del derecho de estos a intervenir en la vida de los indios; *3*) necesidad del restablecimiento de los estados indianos precolombinos bajo soberanía directa de la

[15] FEIJÓO, "Glorias de España", en FEIJÓO, *Teatro crítico universal*, discurso 13, § XXV, nº 90, p. 1773.

[16] LEVENE, *Lecciones de historia argentina*, t. I, p. 151 y 152.

corona, y *4)* otorgamiento de derechos especiales sobre los indios a los poderes eclesiásticos[17].

A su vez, BARTOLOMÉ DE LAS CASAS jamás puso en duda la legitimidad de los derechos de los gobernantes españoles de someter a sus dominios de ultramar; muy por el contrario, proponía una subordinación directa de los indígenas con la corona, sin intermediación, bajo una cierta forma teocrática. Imaginaba "repúblicas indígenas sujetas al rey, pero independientes de la nociva influencia del colono"[18]. Tal vez por esa razón, FRIEDE llega a sostener que "la lucha lascasiana en pro del indio encontró una apoyo franco y decidido en la corte de Carlos V"[19], lo que puede haber sido ciertamente así. Es evidente que a pesar de las durísimas denuncias que hacía fray BARTOLOMÉ contra los conquistadores y colonos españoles, esto no debería provocar iras ni molestias en la muy católica y absoluta majestad de la corte de los Habsburgo. A él nunca se le cerró la entrada o salida de España; su prestigio fue siempre reconocido y la enorme influencia que tuvo en la corte estuvo respaldada por las universidades españolas, a tal punto, que pudo impedir la publicación de las tesis que, como la de JUAN GINÉS DE SEPÚLVEDA se le oponían abiertamente en su defensa de la población indígena. Muchas leyes sobre la materia fueron sancionadas por su gravitación y la silla apostólica lo nombró obispo promovido por Carlos V, siendo más tarde generosamente pensionado[20]. Con todo, los intereses económicos predominantes en la Península y la codicia de los colonos encomenderos, impidieron que la gran lucha de BARTOLOMÉ DE LAS CASAS triunfara, frustrándose así sus esperanzadas ideas de proteger a las poblaciones originarias de América.

[17] FRIEDE, *Las Casas y el movimiento indigenista*, "Revista de Historia Americana", nº 34, p. 385.

[18] FRIEDE, *Las Casas y el movimiento indigenista*, "Revista de Historia Americana", nº 34, p. 382.

[19] FRIEDE, *Las Casas y el movimiento indigenista*, "Revista de Historia Americana", nº 34, p. 387.

[20] FRIEDE, *Las Casas y el movimiento indigenista*, "Revista de Historia Americana", nº 34, p. 386 a 394.

Es generalmente aceptado según lo afirmara el propio De las Casas[21] –aunque no haya otras constancias– que el regente Cisneros lo designó en 1517 "Protector Universal de todos los Indios de Indias". Se trata del antecedente más concreto del cargo de defensor de indios, a pesar de que este deja entrever que estaba poco elaborado. Con el tiempo, De las Casas se lamentará que, en los años siguientes, el tema no se tratara con igual interés al que demostró Cisneros. Por otra parte, hacia 1560 sus principales aliados en la causa de la defensa de los derechos de los indígenas habían muerto o caído en desgracia. De todos modos, esa institución, con el carácter general o universal con el que De las Casas la anunciaba, institucionalmente, nunca llegó a existir.

Según Maravall: "De las Casas tiene en su pensamiento matices que, desde la tolerancia se aproximan a la libertad de conciencia, por lo menos respecto a minorías reconocidas (alguna vez alude a minorías de judíos y mahometanos teniendo por lícita su convivencia) [...] Una y otra vez, De las Casas sostiene que ni por crimen de idolatría –concepto que no estima de aplicación– ni por comisión de pecados nefandos o contra natura, ni por práctica de sacrificios humanos, es lícito castigar a los indios, hacerles la guerra y, como por vía penal, quitarles sus tierras y su libertad"[22]. Henri Gregoire, el obispo socializante, en plena Revolución Francesa, rindió homenaje en el Instituto de Francia a Bartolomé de las Casas sosteniendo que, el religioso español, afirma "que lo que interesa a todos exige el consentimiento de todos; que la prescripción contra la libertad es inadmisible; que la forma del estado político debe ser determinada por la voluntad del pueblo, ya que este es la causa eficiente del gobierno y no puede imponérsele ninguna carga sin su consentimiento"[23].

[21] De las Casas, *Historia de las Indias (1527-1561)*, t. III, cap. 90, p. 326.

[22] Maravall, *Libertad y derecho de ser hombre, pilares del pensamiento lascasiano*, "Revista El Correo de la Unesco", jun. 1975, p. 13.

[23] "Il établit que ce quit importe à tous exige le consentement de tous, que la prescription contre la libertè est inadmissibleque la forme de l'ètat politique doit être déterminée par le volonté du peuple, parce qu'il est la

Se dice que aquel elocuente fraile fue y es una personalidad controvertida. Su universalidad y reconocimiento, sin embargo, desmiente esa suposición. Aquel sevillano que murió nonagenario sin desertar en su "desigual" contienda quedó imperecederamente unido al noble ideal de la defensa de los pobres y desvalidos, dejándonos una imagen de coraje y lealtad moral que es la prenda de mayor valor en una persona.

---

cuase efficente du gouvernment, et qu'on ne peut lui imposer aucune charge sans son consentement" (GREGOIRE, *Apologie de Barthelemy de Las Casas, èvêque de Chiappa*, p. 15).

6. Constenla.

IX

OBISPOS DEFENSORES

La historia de esta institución puede dividirse en tres períodos. El primero, el de los tiempos en que los defensores de indios eran los obispos en el ámbito de sus jurisdicciones episcopales (aunque en ciertas circunstancias lo ejerció el fiscal de la audiencia). El segundo en el que la función recaía en un magistrado autónomo desligado de cualquier otro cargo, y el tercer período, en el que esa función fue desempeñada por el fiscal del crimen de la audiencia. Es patente que la idea de transferir esa tarea de la competencia episcopal a la civil significó ir modificando su naturaleza de "defensor" para asumir la de "tutor".

A partir de 1530 la corona otorgó de oficio a los prelados en América el título de protector de indios, definiendo –algo confusamente– sus prerrogativas. Esta decisión guardaba relación con la nueva realidad que mostraba la Iglesia, después de que Isabel de Castilla hiciera una profunda reconstrucción eclesial, más afín con la idea misional que imponía el dominio español en Granada, las Canarias y el Nuevo Mundo y con los aires de reforma religiosa que se veían venir en Europa.

Habiendo erigido y dotado los reyes de España iglesias y conventos en las Indias en la época de su arribo a América, se declaró inherente a la corona el derecho de patronato[1] por disposición de la sede apostólica. El pontífice se reservó las cuestiones relativas a la fe, pero la corona obtuvo la delegación de la autoridad papal en todo lo que correspondiera a los intereses materiales de la iglesia y sus bienes. "A los reyes del Nuevo Mundo les había nacido un nuevo brazo de poder: la Iglesia era una parte del Estado"[2]. Para garantizar una sólida lealtad, el rey aseguró a la Iglesia una renta permanente con la percepción del diezmo que pagaban todos los productos de Indias. "El poder así delegado en los obispos del Nuevo Mundo los transformaba en funcionarios reales de primera magnitud. Por el mismo motivo, los reyes pondrían especial y directo interés en elegir a los mitrados de entre los hombres más capaces y leales"[3]. Para los Reyes Católicos este fortalecimiento de la investidura episcopal, fue una verdadera "política de Estado" patentizada a partir del Concilio de Sevilla de 1478 en el que quedó establecido que no se consagrarían obispos a quienes no fueran súbditos de las coronas de Castilla y Aragón. Tanta era la fortaleza política y material de los obispos que, según una tradición oral, Francisco de Cisneros no aceptó en principio ser arzobispo de Toledo, porque su solo desempeño implicaba cometer pecado.

No debe sorprender entonces que en aquello que la casa reinante considerara de importancia estratégica, se le confiriera al episcopado la Protectoría de Indios, más allá de las responsabilidades que a los diocesanos correspondía por derecho canónico, según tuvimos oportunidad de señalar. El filósofo argentino Enrique Dussel considera que "el Consejo de Indias, ante el fracaso de las autoridades civiles en promover la defensa del indio, consideró que la única fuerza espiritual capaz de llevar a cabo dicha función era

[1] "El derecho de patronato es el conjunto de privilegios con ciertas cargas, que por concesión de la Iglesia competen a los fundadores católicos de una iglesia, capilla o beneficio, o también a sus causahabientes" (Alonso Morán, *El derecho de patronato*, "Revista Española de Derecho Canónico", vol. 15, nº 45).

[2] Larriqueta, *La Argentina renegada*, p. 40.

[3] Larriqueta, *La Argentina renegada*, p. 41.

el episcopado. El rey investía al episcopado como institución con la función de defensa, protección y conversión del pobre, del indio, del maltratado, y esta última asumía así, por carga real, lo que su función apostólica llevaba ya implícito por mandato evangélico y consagración episcopal"[4].

Aunque posteriormente se consagrara oficialmente el nombre de protector de indios, se solía usar también la denominación defensor, a pesar de que la palabra "defensor" antes que al desempeño del oficio de protector, aspecto que ocupa una parte tangencial (diríamos procesal) de sus acciones por su cercanía a una idea de tutela, está pensado como la acción de sostener, de amparar, de proteger un derecho.

El proyecto de BARTOLOMÉ DE LAS CASAS y de las órdenes mendicantes en general, no iba muy de la mano con la idea de asignar la Defensoría de Indios a los prelados eclesiásticos. Obsérvese la precavida sugerencia que fray BARTOLOMÉ hace al papa Pío V, dominico como él: "la experiencia, maestra de todas las cosas, enseña ser necesario en estos tiempos renovar todos los cánones en que se manda que los obispos tengan cuidado de los pobres captivos, hombres afligidos y viudas, hasta derramar su sangre por ellos según son obligados por la ley natural y divina, a V. B. humildemente suplico que renovando estos sacros cánones mande a los obispos de Indias por sancta obediencia que tengan todo cuidado de aquellos naturales los cuales, oprimidos con sumos trabajos y tiranías... V. Sd. mande que los dichos obispos defiendan esa causa poniéndose por muro de ellos, hasta derramar su sangre [...] Grandísimo escándalo y no menos detrimento de nuestra santísima religión es que en aquella nueva planta de obispos y frailes y clérigos se enriquescan [...] por lo cual a V. Sd. humildemente suplico que declare los tales ministros ser obligados [...] a restituir todo el oro, plata y piedras preciosas que han adquirido porque lo han llevado y tomado

[4] DUSSEL, *El episcopado latinoamericano y la liberación de los pobres (1504-1620)*, p. 44.

de hombres que padecían extrema necesidad y que hoy viven en ella"[5].

Como fuera que fuese, al no estar debidamente establecidas sus funciones, sumado a la evidente mala fe en el obrar de los conquistadores-colonos y algunas autoridades, se debilitaban las facultades de los prelados episcopales y se producían azarosos conflictos con las autoridades civiles.

Los primeros obispos de Nueva España, como el controvertido Juan de Zumárraga[6] en México y Julián Garcés en Tlaxcala, recibieron (entre los primeros) un nombramiento específico de protector[7]. En 1544, cuando fray Bartolomé es nombrado obispo de Chiapas, asume oficialmente y desde esa posición propone a Felipe II crear el cargo en la misma Casa de Contratación de Sevilla. De las Casas afirma que Cisneros consideró "conveniente que en la Corte hubiese alguna persona que tuviese cuidado de procurar lo que cumpliese a los indios" de modo que el título de "Protector Universal" pudiera referirse al oficio de defensor en España y no en América[8]. "La cuestión de la representación jurídica de los indios era, por consiguiente, un reto no solo en el

[5] De las Casas, "Petición a su Santidad Pío V", en Pérez Tudela Hueso (ed.), *V Opúsculos, cartas y memoriales. Obras escogidas. Biblioteca de Autores españoles*, t. CX, p. 541 y 542.

[6] Ver Friede, *Las Casas y el movimiento indigenista*, "Revista de Historia Americana", nº 34, p. 397, nota 42.

[7] Las reales cédulas de nombramiento de un obispo defensor eran casi siempre semejantes. Por ejemplo: "A vos licenciado Tobes, obispo electo de la ciudad de Santa Marta [...] sepáis que nos somos informados que a causa del mal tratamiento que se ha hecho y mucho trabajo que ha dado a los indios naturales de nuestras Indias, Islas y Tierra Firme del Mar Océano [...] no mirando las personas (seglares) que los tenían y tienen a su cargo y encomienda [...] han venido en tanta disminución que casi las dichas islas y tierras están despobladas [...] y porque se hagan (que no disminuyan) [...] y los indios de ella se conserven y vengan en conocimiento de nuestra Santa Fe católica que es nuestro principal deseo [...] seáis protector y defensor de los indios de dicha provincia. Por ende nos mandamos que vayáis a la dicha provincia y que tengáis en mucho cuidado de mirar y visitar los dichos indios" [ver Dussel, *El episcopado latinoamericano y la liberación de los pobres (1504-1620)*, p. 54 y 55].

[8] De las Casas, *Historia de las Indias (1527-1561)*, t. III, cap. 89, p. 325.

Nuevo Mundo sino también en los reinos de Castilla donde todos los negocios se determinaban en última instancia"[9].

Según CAROLINE CUNILL, en un trabajo muy importante para el conocimiento de esta institución, "la primera mención explícita relativa a la creación de dos cargos de defensores de indios se encuentra en las 'conclusiones sumarias sobre el remedio de las Indias' que fueron presentadas ante Carlos V en 1542. DE LAS CASAS no era el único en reivindicar el proyecto: formaba parte de un grupo integrado por varios dominicos. Además, en el llamado octavo remedio se le recomendaba al emperador nombrar [...] 'un procurador universal de todos los indios que entre en el Consejo de Indias, como entra el fiscal, y tenga cargo de proponer y defender todas las cosas que tocaren al bien de los indios e informe a su majestad y que todas las provisiones que tocaren a indios vayan señaladas de su mano *alias sint nulle ipso jure*. Esto es cosa importantísima'"[10].

DUSSEL hizo una pormenorizada y objetiva investigación en torno al papel que individualmente desempeñaron los prelados en estas funciones, concluyendo que, en alguna medida, a pesar de su laicización, los obispos o, por lo menos algunos de ellos, no dejaron de cumplirla.

[9] CUNILL, *Fray Bartolomé de Las Casas y el oficio de defensor de indios en América y en la Corte española*, "Revista Nuevo Mundo-Mundos Nuevos", nº 12, § 9.

[10] CUNILL, *Fray Bartolomé de Las Casas y el oficio de defensor de indios en América y en la Corte española*, "Revista Nuevo Mundo-Mundos Nuevos", § 7.

X

PROTECTORES DE INDIOS CIVILES. JUZGADO DE INDIOS

Parece ser que a mediados del siglo XVI los incesantes reclamos de De las Casas y otros religiosos, comienzan a ser más atendidos en la Corte. La protectoría o defensoría eclesiástica, como hemos dicho, había generado numerosos conflictos con las audiencias, gobernadores civiles y con las mismas órdenes religiosas. De ese modo su importancia fue declinando. Se abrió paso así a la designación de defensores civiles y, a través de ella, al crecimiento del acceso indígena a la justicia colonial, replanteando la relación de los súbditos originarios con la corona que obraría como contrapeso al poder no solo de las órdenes mendicantes, sino también de los colonos y de los caciques.

Esta tendencia hacia la laicización de la Protectoría de Indios se inicia hacia 1554 aunque con algunas diferencias según se tratara el Virreinato de Nueva España o el Virreinato del Perú. En el Virreinato del Perú, por ejemplo, el cargo de procurador de indios, a pesar de que ya existía en México, no se había creado y cuando se lo creó, por diferentes motivos, no se cubrió por algún tiempo. Cuando se hizo efectivo, el nombramiento vino acompañado por prescripciones específicas para ese Virreinato.

Pronto habrá oficiales que se ocuparán de asumir la Procuraduría de Indios, aunque no integrados a la Audiencia, a pesar de que en la de México, en la que se nombró hacia 1551 un procurador de indios, se justificó la designación debido a la ignorancia de los naturales de la ley y de los procedimientos judiciales, y por la falta de letrados dispuestos a defender sus causas. Además, que por tratarse de personas sometidas a servidumbre no contaban con las suficientes libertades para pleitear. Se insistió, asimismo, en la necesidad de difundir entre los indígenas el conocimiento de esa institución, así como del nombre del procurador elegido para el cargo. En 1567, una real cédula enviada a la Audiencia de Quito ordenaba la desaparición de la Protectoría, pero no fue acatada y así continuó existiendo en el Virreinato del Perú. A su vez, en 1575, el virrey Francisco de Toledo dictó las ordenanzas sobre el defensor general de indios. A partir de ese momento la Procuraduría de Indios quedó institucionalizada administrativamente bajo la dependencia del virrey alcanzando de ese modo una mayor organicidad y descentralización. Se establecieron procuradurías por partido y se organizó su funcionamiento ante las instancias judiciales. Las ordenanzas de Toledo fueron de tanta importancia que, en la propia Recopilación de las Leyes del Reino de Indias, se alude específicamente a ellas: "Que en los reinos del Perú se han de dar las instrucciones a los procuradores, conforme a las ordenanzas que hizo el virrey don Francisco de Toledo, añadiendo lo que conforme a la diferencia de los tiempos, conviene al amparo y defensa de los indios"[1].

Observándose el mal desempeño de los defensores de indios, la corona en 1582 asignó formalmente esa función a las audiencias. Por una Real Cédula dirigida al presidente de la Audiencia de México se ordenó la eliminación del oficio de las protectorías con el argumento de que esta institución perjudicaba notoriamente a los naturales. Por el mismo instrumento legal se disponía que en adelante esa misión

[1] *Recopilación de las leyes de los reinos de las Indias*, Libro VI, Título VI, Ley 2, t. II, p. 249. Según Rosenblat, al virrey Toledo, lo llamaban el Solón del Perú (*La población indígena de América*, p. 94).

quedaría a cargo de las reales audiencias. Esta norma tuvo alcance en todos los territorios coloniales hispanos. Una real cédula del año 1589 dirigida al virrey del Perú, restablece las funciones de defensor general y de las de los defensores de partido en vista que la eliminación del cargo había traído más problemas que soluciones. Todo debería volver a ceñirse a las disposiciones del virrey Toledo cuyo modelo rigió hasta 1643.

En 1620 se crea en el seno de las audiencias virreinales el cargo de fiscal letrado nombrado directamente por el rey con el mismo rango que los fiscales ordinarios de lo civil y criminal. La disposición real pide a virreyes y gobernadores, específicamente, que los protectores de indios fueran respetados y protegidos. En el Virreinato del Perú fue a partir de 1643 cuando se instituyó en la Audiencia de Lima el cargo de fiscal protector de los indios con carácter autónomo. Se le otorgaron amplias facultades no solo como tutor sino también como defensor de los naturales. Sin embargo, tuvo una corta vida: sobrevivió hasta 1648. Una real cédula daba cuenta de que, a pesar de las numerosas disposiciones para el buen trato y alivio de los indios, continuaban los abusos por parte de los gobernantes y de los habitantes en general. Esto se debía a que los protectores no cumplían con sus obligaciones. Hubo además serias denuncias de sobornos, razón por la cual se resolvió que el oficio volviera a su antiguo instituto y se otorgara a personas que acreditaran y procedieran sin intereses subalternos. Pero como se debía indemnizar a los funcionarios desplazados se demoró la aplicación de la medida.

La Recopilación de 1680 se refiere al protector de indios en el título VI, Libro VI, como oficio desvinculado de las audiencias y ahora dependiendo del virrey no sin antes dejar asentado la inconstancia que había existido en años anteriores respecto a la figura del protector de indios al señalarse que, en último término, deben ser proveídos y nombrados por el virrey o los presidentes gobernadores de las provincias. Lo dotó de estabilidad estableciéndose que solo se lo podría destituir con justa causa. A pesar de todas las previsiones, "en el caso de la Protectoría sucedieron los más sonados casos de clientelismo y corrupción propiamente dichos"[2]. La figura del fiscal Protector se irá recuperando en algunas partes, pero entre 1761 y 1776 se fueron suprimiendo y esa misión será encomendada al fiscal del crimen.

Según SARAVIA SALAZAR, "para el siglo XVIII tenemos el cargo consolidado en la Real Audiencia. Por tal motivo, representó un espacio de ascenso para criollos aún no posicionados, así como un espacio para influir en la política local. La venta de cargos, si bien fue una constante en el Virreinato, dejó ver sus consecuencias negativas con mayor nitidez en este siglo. Así tenemos para el caso del protector de indios que el cargo había sido desnaturalizado y era controlado por terratenientes, que, valiéndose de su ayuda, anexaban tierras de comunidad y pequeñas parcelas de la población sin ningún tipo de sanción"[3].

De todos modos, conforme a las ideas lascacianas, los indios empezaron a recibir un trato jurídico especializado y gratuito[4], aunque suponemos que muy lejos de ser generalizado. CATTÁN ATALA hace una precisa enumeración de las condiciones requeridas para el desempeño de estas funciones según referencias del jurista indiano JUAN DE SOLÓRZANO PEREIRA y del antes mencionado NICOLÁS MATÍAS CAMPO Y LARRINAGA en su famoso memorial[5].

Otras instituciones se establecieron en el Nuevo Mundo para reparar la situación de inferioridad en que se hallaba la población indígena. Ejemplo de ellos son los llamados

[2] SARAVIA SALAZAR, *La evolución de un cargo: la Protectoría de Indios en el Virreinato peruano*, "Revista Desde el Sur", vol. 4, nº 1, p. 45.

[3] SARAVIA SALAZAR, *La evolución de un cargo: la Protectoría de Indios en el Virreinato peruano*, "Revista Desde el Sur", vol. 4, nº 1, p. 30.

[4] CUNILL, *Fray Bartolomé de Las Casas y el oficio de defensor de indios en América y en la Corte española*, "Revista Nuevo Mundo-Mundos Nuevos", nº 12, § 16.

[5] CATTÁN ATALA, *El derecho romano y la libertad de los indios en el Nuevo Mundo*, "Revista Chilena de Historia del Derecho", nº 17, p. 24 y 25.

Juzgados Generales de Indios. Las instituciones judiciales indianas no tuvieron el carácter de especialización que hoy presentan y por tanto más que instituciones judiciales fueron instituciones de gobierno que ejercieron la función judicial en mayor o menor medida. De ese modo la función judicial entrelazó con otras de gobierno y administración, pues se entendía que esa suprema virtud no solo debía ejercerse al resolver un pleito, sino también en todos los actos realizados por quienes conducían el gobierno temporal y espiritual del imperio[6]. Era un sistema que presentaba complejidades de distinta índole porque muchos los funcionarios resultaban involucrados en la administración de justicia sin estar debidamente coordinados. Como dice Eduardo Martiré: "los magistrados fueron designados a medida que las necesidades lo exigían y de esta manera tenemos jurisdicciones superpuestas o competencias complicadas y acumuladas en varios funcionarios a la vez"[7].

Pese a todo, José Sánchez-Arcilla Bernal asigna a los Juzgados Generales de Indias mayor importancia que a las procuradurías de indios por ser esta institución "más genuina y característica"[8]. Existían de dos categorías: los que funcionaban con autoridades propias, es decir, indígenas, y los que eran regentados por españoles. Sus competencias eran apocadas: se ocupaban de casos de menor cuantía tanto civil como penal. Funcionaban sin formalidades y eran sostenidas con el aporte de todos los indígenas tributarios del reino[9]. El Juzgado General de Indios de Nueva España fue formalmente creado en 1592 (abolido en 1820), aunque

[6] Martiré, "Organización judicial indiana", en *Temas de derecho indiano*, p. 72.

[7] Martiré, "Organización judicial indiana", en *Temas de derecho indiano*, p. 60.

[8] Sánchez-Arcilla Bernal, *Instituciones político-administrativas de la América Hispánica (1492-1810)*, t. 1 p. 143.

[9] Ver Sánchez Vázquez, "Juzgado General de Indios, paradigma para hacer menos desiguales a los desiguales durante la Nueva España", en Carbonell - Cruz Barney (coords.), *Historia y Constitución. Homenaje a José Luis Soberanes Fernández*, t. II, p. 482 a 484.

venía funcionando desde 1572, cuando el virrey Luis de Velasco nombró al primer asesor judicial y al procurador general de indios poniendo fin así a un largo conflicto entre el virrey y la Real Audiencia, sobre la competencia de los pleitos de indios. A partir de ese momento, el virrey quedaba facultado para conocer en primera instancia como juez especial y con un procedimiento sumario, de todas las causas entre indios, así como aquellas en que fueran demandados por españoles o mestizos. Se dispuso asimismo que ninguno de los oficiales con la administración de justicia –abogados, procuradores, escribanos o cualquier otro letrado– percibieran derechos y honorarios de los indios. Así quedaba consagrado el principio de justicia gratuita para la población indígena[10].

Al parecer la creación de esos tribunales especiales respondió a la necesidad de agilizar los litigios entre los naturales, siempre y cuando fueran de poca relevancia. Pese a que procuraba evitar que se produjesen más causas judiciales, en la práctica parece ser que en los años iniciales en que existieron los Juzgados Generales de Indios la litigiosidad se incrementó sensiblemente. Hay una carta al Consejo de Indias del arzobispo de México fray ALONSO DE MONTÚFAR en la que se puede leer: "Los indios se han hecho grandísimos pleitistas y levantando pleitos unos contra otros sobre sus tierras y distritos; y sobre el interés de muy poca tierra gastan grandes cantidades de dineros, como gente simple, en procuradores y letrados y nahuatlatos y escribanos, que es de doler cuán anda esta audiencia llena de nubadas de indios en los dichos pleitos [...]; no se les permita traer pleitos porque cada una de las partes vienen treinta y cuarenta indios y aun con indias que les amasen y sirvan por los caminos [...]; y el tiempo que están en esta ciudad los ocupan en servicios personales de los nahuatlatos, procuradores y escribanos, los cuales hacen venir por fuerza y por su rueda; y aun de algunos tenemos por relación que señala la india que venga, que

[10] SÁNCHEZ-ARCILLA BERNAL, *Instituciones político-administrativas de la América Hispánica (1492-1810)*, t. 1, p. 294.

él quiere traer por amiga en tanto está fuera del pueblo; y no osan los pobres macehuales e indios decir que no a los caciques y principales, que los traen para su servicio durante los dichos pleitos; y gastado el dinero que traen se vuelven por los caminos muertos de hambre, y dicen que no pocos mueren en esta ciudad, especialmente los que vienen de tierra caliente a esta que es fría, lo cual hacen con el aparejo que tienen de las dichas cajas de comunidades; y, como todo, ha de salir de los pobres macehuales; en esto vuestra alteza crea que no se pinta aquí tanto como ello es"[11].

Más allá de todo, esta actitud litigiosa que se imputa a los naturales tiene connotaciones culturales y sociológicas porque, como han señalado autorizados historiadores del derecho, el pleito era una de las vías para enfrentar los desafíos que planteaba la explotación colonial[12] y seguramente una de las pocas vías a través de las cuales los naturales podían sentirse como titulares de un derecho que los capacitaba al mismo tiempo para buscar trabas a las acciones de quienes objetivamente se hallaban en un situación de preferencia al menos por su superioridad social. Con las advertencias ya expresadas en cuanto a la superposición de competencias y concentración de funciones políticas, administrativas y judiciales, no existían seguramente estándares aceptables de actividad judicial que garantizaran justicia en favor de las poblaciones indígenas. Sin embargo, la litigiosidad en cierto modo amenguaba el poder de los colonos y abría camino a nuevos recursos procesales.

En este último sentido un instrumento que ha tenido una proyección muy importante y llegó a nuestros días, es el llamado recurso de amparo o de protección indiano. Con esta denominación se agrupan diversos instrumentos exis-

[11] Citado por Ruz Barrio, *El conocimiento por parte de los indígenas de la justicia novohispana. El caso de Mateo Chimalticuhtli (Cholula siglo XVI)*, "Anuario de Estudios Americanos", jul.-dic. 2009, p. 128.

[12] Ruz Barrio, *El conocimiento por parte de los indígenas de la justicia novohispana. El caso de Mateo Chimalticuhtli (Cholula siglo XVI)*, "Anuario de Estudios Americanos", jul.-dic. 2009, p. 130.

tentes entonces, que permitían amparar al vasallo frente al abuso de los gobernantes e incluso respecto de la actuación de particulares. Los primeros antecedentes del recurso se encuentran en actuaciones ante la Justicia Mayor de Aragón, institución creada en el siglo XIII. El Justiciazgo (así se lo llamaba) amparaba los derechos del pueblo apelando a la protección de los fueros del reino. Este objetivo se hacía efectivo mediante una acción que llegaba hasta la suspensión de la ley que contraviniera al derecho foral; la "firma", por la que se solicitaba la revocación de los agravios causados o la "manifestación", que ordenaba entregar a justicia o a sus delegados a las personas privadas de libertad[13]. Esta entre muchas otras facultades de justicia mayor. Los primeros antecedentes indianos del amparo al parecer se plantearon ante el Juzgado General de Indios[14]. Este tribunal establecido, como ya se dijo, en México hacia 1592, y cuyo titular era el virrey, podía resolver conflictos entre los aborígenes y de los españoles con indígenas. Pocos años después, el juez de indios extendió su competencia para conocer de las quejas contra funcionarios locales españoles y contra el clero, y respecto de abusos en materias de servicio y trabajo hacia los naturales. Con el tiempo, el amparo se extendió como un modo de reclamar cuando los derechos eran afectados por un acto arbitrario y contrario a derecho que causara agravio y cuyos efectos no se pudiesen remediar por otro medio procesal. El recurso se promovía con una queja o petición de amparo y procedía contra actos de autoridades ejecutados o futuros que causaran o pudieran causar agravio. Se trataba de un recurso de carácter tutelar que no tenía forma de juicio y cuyo objeto era asegurar la situación jurídica invocada y poner remedio al agravio, sin que se entrase a discutir el fondo del asunto, es decir, la titularidad de los derechos invocados. Durante el conocimiento del re-

[13] Sobre Justicia de Aragón, ver CONSTENLA, *Teoría y práctica del defensor del pueblo*, p. 180.

[14] MIROSEVIC VERDUGO, *El sistema de protección de la persona durante el período indiano*, "Revista de Estudios Ius Novum", vol. 1, p. 136 y 137.

curso se podían suspender los efectos del acto impugnado y el procedimiento concluía con una orden de amparo dictada por el virrey, en la que se podía incluso condenar a la reparación de perjuicios. El amparo indiano fue recogido y desarrollado primero por la Constitución del Estado de Yucatán, México, de 1841, y luego consagrado a escala federal en virtud de la Constitución de 1857.

Si bien algunos pusieron en duda la raigambre mexicana de la acción de amparo y mucho más sus vinculaciones con la baja Edad Media aragonesa, investigaciones posteriores afirmaron el linaje hispano colonial de este recurso extraordinario[15]. En 1972 el jurista mexicano ANDRÉS LIRA GUILLÉN publicó un libro[16], que apoyaría resueltamente esta posición en relación con uno de los instrumentos procesales que garantizan la efectiva vigencia de los derechos de las personas, por fuera del recurso de *hábeas corpus* que se refiere específicamente a la libertad personal. Si bien el amparo colonial estaba dirigido a la tutela de todos los habitantes de Nueva España, su utilidad fundamental estaba dirigida a la protección de los derechos reconocidos a los indígenas por las Leyes de Indias que también respetaron derechos tradicionales prehispánicos, evitando la consumación de muchas arbitrariedades de las autoridades inferiores y de los mismos españoles sin mando oficial, pero que tendían a abusar con las encomiendas y trabajos personales. Al mismo tiempo impidió el despojo de las tierras comunales de las poblaciones indígenas. Si bien era sabido que el recurso de amparo había sido establecido en el derecho latinoamericano con la Constitución Federal de México de 1857, no había quedado del todo en claro cuáles habían sido sus raíces. En una palabra, hasta dónde era

[15] MALAGÓN PINZÓN, *Antecedentes hispánicos del juicio de amparo y de la acción de tutela*, "Revista Estudios Socio-Jurídicos", vol. 5, nº 1, ene.-jun. 2003, p. 86. No le reconoce ese origen a este procedimiento extraordinario: FIX ZAMUDIO, *Jurisdicción constitucional y protección de los derechos fundamentales en América latina*, "Anuario de Derecho Constitucional Latinoamericano", p. 55 y 56.

[16] LIRA GONZÁLEZ, *El amparo colonial y el juicio de amparo mexicano*.

cierta la afirmación de que su origen estaba en el amparo colonial.

En relación con el Perú, se verificó que entre los siglos XVI y XIX se interpusieron acciones de amparo y que existía un tribunal semejante al de México en el llamado Cercado de Lima[17].

[17] BONNET, *El protector de naturales en la Audiencia de Quito (Siglos XVII y XVIII)*, p. 15.

XI

EL ORDEN NORMATIVO

En las cortes de Monzón de 1563, el rey Felipe II sancionó que "los fiscales de nuestras reales audiencias sean protectores de los indios, y los ayuden y favorezcan en todos los casos y cosas que conforme à derecho les convenga para alcanzar justicia, y aleguen por ellos en todos los pleitos civiles y criminales de oficio y partes con españoles, demandando ó defendiendo, y así lo den à entender á los indios y en los pleitos particulares entre indios sobre hacienda, no ayuden à ninguna de las partes, y en las audiencias donde hubiere protectores generales, letrados y procuradores de indios, se informen como los ayudan, para suplir en lo que faltaren, y coadjuvarlos si les pareciere necesario"[1].

El llamado Cedulario de Encina, publicado en 1596[2], deja en claro que el protector de indios tenía plenas facul-

[1] *Recopilación de las leyes de los reinos de las Indias,* Libro II, Título 18, Ley 34, t. I, p. 265.

[2] *Provisiones, cédulas capítulos de ordenanzas, instrucciones y cartas libradas y despachadas en diferentes tiempos por sus majestades* [...], Libro Quarto, p. 332 y siguientes. El Cedulario es una recopilación de leyes indianas encargada en 1581 por el Consejo de Indias a Diego de Encinas que transcribe por orden cronológico todas las disposiciones vigentes ordenadas por materias hasta 1596. Tuvo una distribución muy limitada de ejemplares por lo que fue un texto de muy difícil acceso. Habría que esperar a la Recopilación de las Leyes de Indias del rey Carlos II de 1680, para que la necesidad de un texto legal fiable se viera cumplida.

tades para investigar por sí, o por intermedio de visitadores, el mal trato infligido a los indígenas. En caso de que llegara a la conclusión de que se había cometido una violación a aquellos derechos, podía dictar penas pecuniarias o corporales, incluidas la prisión. Cuando la pena pecuniaria excediese cierto monto y de cierta duración la prisión, debía solicitar la aplicación de las sanciones al gobernador. Sus competencias también alcanzaban para los gobernadores y lugartenientes. En ese caso la cuestión debía ser tratada por el Consejo de Indias.

La segunda normativa que trató este instituto fue la Recopilación de las Leyes de Indias, en la que quedó establecido: "De los protectores de indios, sin embargo de las órdenes antiguas, por la cuales se mandaron quitar y suprimir los protectores y defensores de los indios, en cuya ejecución se han experimentado grandes inconvenientes: Ordenamos: que se los puede haver y sean elegidos y proveídos nuevamente por nuestros virreyes y presidentes gobernadores en las provincias y corte donde los había y que ellos sean personas de edad competente y exerzan sus oficios con la cristiandad, limpieza y puntualidad que son obligados, pues han de amparar y defender a los indios"[3].

Estas referencias legales ponen en evidencia, además de sus "idas y vueltas", una real preocupación por el atropello y maltrato a los indígenas, como asimismo que esos malos tratos no cesaban por más leyes y ordenanzas que se sancionaran. El protector de indios fue claramente, el instrumento en que se pensó para poner freno a los inmoderados poderes de los conquistadores y colonos, aunque al no estar acompañado de una modalidad de gobierno, fundada así más no fuera en el respeto y consideración a los derechos de los súbditos, en la realidad se tornó ilusorio y se comprobaría que el sometimiento de los habitantes originarios del continente, a partir de la llegada de los europeos en 1492, fue una constante que no solo transitaría el tiempo de la

[3] *Recopilación de las leyes de los reinos de las Indias,* Libro VI, Título VI, t. II, p. 217 a 219.

colonia, sino que se proyectaría al período independiente de estas tierras y en la mayoría de los casos hasta hoy mismo, según veremos. Es que no se pudo superar una limitación *ab origene* sobre la que advierte Cuena Boy: "aunque pensada para favorecerle no parece que estas especialidades del derecho se hayan propuesto rescatar al miserable del estado de inferioridad en que se encuentra"[4], y que con relación a los indios "la bienintencionada miserabilidad habría tenido aparentemente una perversa consecuencia al sancionar de alguna forma la incapacidad y apuntalando su situación de inferioridad"[5]. Además, la casuística procesal estaba diseñada muy lejos de la realidad cultural indígena y eso la tornaba en la mayor parte de los casos inviable para sus limitadas posibilidades.

La prédica a favor de los derechos de los indígenas fue apoyada por muchos teólogos, cronistas, misioneros y juristas españoles, como se ha visto. De hecho, esas acciones a favor de las defensorías indígenas sobrevivirían a la muerte de su principal impulsor: Bartolomé de las Casas. En 1573 el famoso virrey del Perú, Francisco de Toledo, recomendó al rey "tener en su Consejo Real un procurador de indios con quien tuviese corresponsión el fiscal de vuestro Real Consejo y los fiscales de estas Audiencias y el gobernador del reino"[6]. Todavía en los años 1580 fray Pedro Suárez de Escobar seguía recomendando a Felipe II el nombramiento, en la ciudad de México, de "un letrado solamente, un procurador y un intérprete, muy examinados cristianos, porque repasen los negocios y pleitos de aquellos indios". También aconsejaba que hubiese en la Corte "un protector que sea amparo de

[4] Cuena Boy, *Utilización pragmática del derecho romano en dos memoriales indianos del siglo XVII sobre el Protector de Indios*, "Revista de Estudios Históricos Jurídicos", t. XX, p. 111.

[5] Cuena Boy, *Utilización pragmática del derecho romano en dos memoriales indianos del siglo XVII sobre el Protector de Indios*, "Revista de Estudios Históricos Jurídicos", t. XX, p. 111.

[6] Muy descriptiva y bien fundada carta del virrey Francisco de Toledo al rey Felipe II desde La Plata, noviembre de 1573, en Levillier, *Los gobernantes del Perú, cartas y papeles, siglo XVI, documentos del archivo de Indias*, t. V, p. 226.

aquestos indios naturales [...], los cuales, como son tan miserables, no saben quejarse aunque los roben, ni hablar o volver por sí aunque los desuellen y acaben"[7].

Hubo un proyecto por crear esos cargos en el extensísimo imperio de las Indias que fue adaptándose al contexto político. Uno de ellos fue el de mejorar la representación indígena en los ámbitos de poder, especialmente en las audiencias americanas y en el propio Consejo de Indias. Su más importante inspirador fue, por supuesto, fray BARTOLOMÉ rodeado de religiosos, altos cargos de la administración colonial y caciques indígenas. Todos ellos conformaron una comunidad política cuyas afinidades ideológicas se coligen en los escritos que redactaron y se manifiestan en las acciones colectivas que emprendieron. Sus múltiples reivindicaciones lograron influir en las decisiones de la Corona española, ya que, después de una fase experimental en la que varios defensores de indios fueron sucesivamente nombrados y suspendidos en distintos lugares de América, en 1591 el cargo fue institucionalizado de forma definitiva en el seno de los Juzgados Generales de Indios. En cambio, pese a las repetidas solicitudes, la monarquía se mantuvo firme en su negativa a crear de un oficio de protector de indios en la Corte[8].

[7] CUNILL, *Fray Bartolomé de Las Casas y el oficio de defensor de indios en América y en la Corte española*, "Revista Nuevo Mundo-Mundos Nuevos", nº 12, 2012, § 22.

[8] CUNILL, *Fray Bartolomé de Las Casas y el oficio de defensor de indios en América y en la Corte española*, "Revista Nuevo Mundo-Mundos Nuevos", nº 12, § 28.

XII

¿EMANCIPACIÓN INDÍGENA? EXTINCIÓN DE LAS DEFENSORÍAS DE INDIOS

La ilustración y el enciclopedismo abrieron paso a nuevas ideas sociales y políticas en el occidente europeo que después de la Revolución Francesa, rápidamente se proyectaron al continente americano. En España, las Cortes de Cádiz, el 5 de enero de 1811 ordenaron "que los protectores de indios se esmeren en cumplir debidamente el sagrado cargo de defender su libertad personal (la de los indios), sus privilegios y demás exenciones (decreto XX del 5 de enero de 1811)"[1]. Fue una iniciativa del diputado suplente del Perú, inca Yupanki, "como inca, como indio y como americano", en un discurso muy aplaudido[2]. Pero esa renovada preocupación por el pueblo indígena, se advierte prontamente insuficiente frente a los revoltosos tiempos que anunciaban las innumerables como estridentes y a veces sangrientas iniciativas liberales e independentistas, en el vasto imperio de las Indias. Es así que se produce "un giro por efecto de las noticias que están recibiéndose de rebeliones en América". Para neutralizarlas, dice CLAVERO, se ha decretado desde España por el Consejo de Regencia la abolición de los tributos indígenas

[1] *Colección de los decretos y órdenes que han expedido las Cortes Generales y Extraordinarias desde su instalación*, p. 45 y 46.

[2] VILLEGAS PÁUCAR, *Las Cortes de Cádiz y la cuestión indígena (1808-1814)*, "Revista de Antropología", año V, nº 5, p. 210.

el 26 de mayo de 1810, haciéndose pública la medida en México el 5 de octubre, por una proclamación bilingüe, en castellano y en nahuatl, la lengua azteca que era la más extendida. Además, sostuvo: "Las Cortes de Cádiz no ratificaron la medida hasta el 13 de marzo de 1811. Los comienzos, como se ve, no pueden ser más vacilantes. En agosto de 1811 las Cortes discutieron la categoría jurídica de los indios pareciendo existir mayoría en favor de la plena igualdad que acabase con la consideración de los indígenas como menores discapacitados, pero sin que se adoptase resolución alguna"[3].

En la legislación española, la Protectoría de Indios fue abolida formal y definitivamente el 11 de enero de 1821 en consonancia con el ideario liberal de la Constitución de 1812 que impedía seguir considerando a los indios como menores[4]. Viene al caso señalar que la Constitución de Cádiz, que reconoció ciudadanía a los pueblos originarios de América, no otorgó igual derecho por cierto a africanos y afro descendientes[5].

El pensamiento liberal, partiendo de una idea abstracta de la igualdad, que no tiene en cuenta al ser humano situado en su condición social y económica, halló en las formulaciones de la representación democrática y de la división de los poderes, fórmulas idealmente integradoras e inclusivas que poco o nada tenían que ver con la realidad. De ese modo se suprimieron las defensorías de indios imaginando que con preceptos constitucionales igualitarios se podrían reparar las asimetrías que separaban a los fuertes de los débiles y a los patronos de los servidores y en particular de los servidores indígenas. Pero esa declamada igualdad que derogaba por su lógica racionalista liberal todo tipo de prerrogativas y privilegios, cancelaba al mismo tiempo los "privilegios",

[3] Clavero, *Cádiz entre indígenas*, "Anuario de Historia del Derecho Español", nº 65, p. 944.

[4] Cuena Boy, *Utilización pragmática del derecho romano en dos memoriales indianos del siglo XVII sobre el Protector de Indios*, "Revista de Estudios Históricos Jurídicos", t. XX, p. 116.

[5] Clavero, *Cádiz entre indígenas*, "Anuario de Historia del Derecho Español", nº 65, p. 932.

así fueran procesales que, por su condición de "miserabilidad" beneficiaba al colectivo indígena (defensor de indios inclusive).

Puede afirmarse que la Constitución de Cádiz en España y las revoluciones independentistas en Hispanoamérica, cancelaron las defensorías o protectorías de indios a favor de un bien intencionado, aunque frustrado propósito de organizar la sociedad libre e igualitaria que prometía el ideario liberal. Como dice el escritor mexicano CARLOS FUENTES: "La identificación del liberalismo económico con el progreso y de la cultura indígena y agraria con la barbarie (idea compartida por MARX, SARMIENTO y PORFIRIO DÍAZ), motivó a nuestros gobiernos republicanos a arrebatar a las comunidades sus derechos aboriginales y coloniales. Despojándolos de la identidad jurídica que había poseído durante el régimen colonial, las repúblicas independientes impusieron a los indios y campesinos indefensos, los valores del libre mercado"[6].

JOSÉ RODÓ enrostró a la Revolución, como lo haría también con España, su maltrato al indígena por la brutalidad del hecho mismo de la conquista: "La Revolución que no se hizo por el indio, aun menos se hizo para él: poquísimo modificó su suerte. En la República, el indio continuó formando la casta conquistada. El barro vil sobre el que asienta el edificio social [...] como una bestia que ha mudado de dueño viendo confirmada su condición de ilota"[7].

De todos modos, debe reconocerse que el movimiento emancipador hispanoamericano tenía en la liberación indígena uno de sus estandartes, porque precisamente su condición de servidumbre y sometimiento era uno de los signos de la época colonial. MARIANO MORENO es claro ejemplo de ese pensamiento. Nacido en Buenos Aires, estudió derecho en la Universidad de Chuquisaca y en 1802 presentó ante la Academia Carolina su tesis: *Disertación jurídica sobre el servicio personal de los indios en general y sobre el particular de Yanaconas y Mitarios*; una contundente denuncia sobre las

6 FUENTES, *Tres discursos para dos aldeas*, p. 62.

7 RODÓ, "Montalvo", en RODÓ, *Cinco ensayos*, p. 33.

condiciones de trabajo a la que eran sometidos los pobladores indígenas. Desde el descubrimiento "empezó la malicia a perseguir unos hombres que no tuvieron otro delito que haber nacido en unas tierras que la naturaleza enriqueció con opulencia"; a pesar de las Leyes de Indias los nativos están sometidos a todo género de crímenes, que han motivado "las primeras deserciones de muchos indios, que dejando sus pueblos tenían por menos mal vivir errantes que sujetarse a las opresiones y servicios de sus amos, jueces y curas" y condena el brutal trato a los que están sometidos en las minas "con notoria infracción a las leyes"[8]. Esta afirmación –cierta por otra parte– tal vez lo haya llevado a ALTAMIRA a decir "que los mismos hombres de la independencia colonial que defendieron la causa de los indios contra los abusos [...] se inspiraron para ello en las doctrinas españolas y en la conducta de autoridades públicas españolas de entonces. Sirva de ejemplo MARIANO MORENO con relación a SOLÓRZANO y al juez de residencia don VICTORIÁN DE VILLALBA"[9].

Cabe aclarar que MORENO en 1802 tenía veinticuatro años; terminados sus estudios de abogacía, estaba por doctorarse y había visitado las minas de Potosí. Influenciado en su formación jurídica y política por SOLÓRZANO PEREIRA y VICTORIÁN DE VILLALBA, como dice ALTAMIRA, tenía como se vio, una mirada muy crítica sobre la situación en la que se hallaban los indígenas[10]. Ya había leído, entre muchos otros, a ROUSSEAU, del que se hizo fiel catecúmeno. Ocho años después, de regreso a Buenos Aires, era el secretario de Guerra y Gobierno e ideólogo de la Primera Junta de Gobierno de las Provincias Unidas del Río de la Plata. Líder de una verdadera revolución que apuntaba a la ruptura definitiva con la metrópoli, su postura se radicalizó y en consecuencia su visión sobre el derecho indiano. No sorprende que haya escrito: "¿Podrá llamarse el de esas Leyes de Indias dictadas para

[8] Estas transcripciones están tomadas de BAGÚ, *Mariano Moreno*, p. 25.

[9] ALTAMIRA, *Los elementos de la civilización y del carácter españoles*, p. 209 y 210.

[10] BAGÚ, *Mariano Moreno*, p. 19.

neófitos y en que se vende por favor de la piedad lo que sin ofensa de la naturaleza no puede negarse a ningún hombre? [...] un espíritu afectado de protección y piedad hacia los indios, explicado por reglamentos, que solo sirven para descubrir las crueles vejaciones que padecían, no menos que la hipocresía e impotencia de los remedios que han dejado continuar los mismos males, a cuya reforma se dirigían; que los indios no sean compelidos a servicios personales, que no sean castigados al capricho de sus encomenderos, que no sean cargados sobre las espaldas; a este tenor son las solemnes declaratorias, que de cédulas particulares pasaron a código de leyes, porque se reunieron en cuatro volúmenes; y he aquí los decantados privilegios de los indios, que con declararlos hombres, habrían gozado más extensamente y cuyo despojo no pudo ser reparado sino por actos que necesitaron vestir los soberanos respetos de la ley para atacar de palabra a la esclavitud, que dejaban subsistente en la realidad"[11].

Un decreto de la Junta Gubernativa de las Provincias de Buenos Aires del 1° de septiembre de 1811, deja bien en claro el pensamiento dominante entre los hombres de mayo en relación con el tema: "Nada se ha mirado con más horror desde los primeros momentos de la instalación del actual gobierno, como el estado miserable y abatido de la desgraciada raza de los indios. Estos nuestros hermanos, que son ciertamente los hijos primogénitos de la América, eran los que más excluidos se lloraban de todos los bienes y ventajas que tan libremente había franqueado a su suelo patrio la misma naturaleza: y hechos víctimas desgraciados de la ambición, no solo han estado sepultados en esclavitad más ignominiosa, sino que desde ella misma debían saciar con su sudor la codicia y el lujo de sus opresores. Tan humillante suerte no podía dejar de interesar la sensibilidad de un gobierno empeñado en cimentar la verdadera felicidad general

[11] Moreno, "Sobre la misión del Congreso, convocado en virtud de la resolución plebiscitaria del 25 de mayo de 1810", en Moreno, *Escritos políticos y económicos*, p. 275.

de la patria, no por proclamaciones insignificantes, y de puras palabras, sino por la ejecución de los mismos principios liberales, a que ha debido su formación, y deben producir su subsistencia y felicidad. Penetrados de estos principios los integrantes todos de este gobierno, y deseosos de adoptar todas las medidas capaces de reintegrarlos a sus primitivos derechos, le declararon desde luego la igualdad que les correspondía"[12]. Esta norma sancionaba la definitiva extinción los tributos indígenas a la corona, lo que sería ratificado la ley del 12 de marzo de 1813, aprobada por la Asamblea General Constituyente al derogar "la mita, las encomiendas, el yanaconazgo y el servicio personal de los indios bajo todo respecto y sin exceptuar aun el que prestan a las iglesias y sus párrocos o ministros, siendo la voluntad de esta soberana corporación el que del mismo modo se les haya y tenga a los mencionados indios de todas las Provincias Unidas por hombres perfectamente libres, y en igualdad de derechos a todos los demás ciudadanos que las pueblan [...] traduciéndose al efecto fielmente, en los idiomas guaraní, quechua y aymara para la común inteligencia"[13].

[12] "Decreto de la Junta Gubernativa de las Provincias Unidas del Río de la Plata nº 240", *Registro Oficial de la República Argentina*, t. I, p. 115.

[13] Ratificación del decreto que libertó a los indígenas, etcétera ("Decreto de la Junta Gubernativa de las Provincias Unidas del Río de la Plata nº 240", *Registro Oficial de la República Argentina*, t. I, p. 203 y 204).

XIII

LA SITUACIÓN INDÍGENA DESPUÉS DE LA EMANCIPACIÓN. EL CASO EN LA ARGENTINA

"Una historia de Latinoamérica independiente: he aquí un tema problemático". Eso dice el historiador argentino TULIO HALPERÍN DONGHI, en el primer renglón de su más conocida e importante obra: *Historia contemporánea de América Latina*. No viene al caso detenernos en todas las razones que supone HALPERÍN DONGHI para tan desafiante tarea, pero sí tomar como ejemplo nuestro tema de las defensorías de indios y la pervivencia de un pasado telúrico que se pudo superar apenas gestualmente, porque en la realidad solo cambiaron sus modalidades y, en cierto modo, empeoraron.

El imperio colonial español, si bien había sufrido sobre su flanco más débil –que era el del Atlántico, desde las Antillas hasta Colonia del Sacramento en el Río de la Plata– pérdidas y retrocesos ante la presión de sus rivales, llegó casi intacto hasta 1810 y esto puede explicar la raigal proyección de muchas de las relaciones sociales que desde la colonia se proyectaron hacia el futuro y frente a las cuales el nuevo e imprescindible derecho público, sustentado en un constitucionalismo pretendidamente democrático, poco pudo modificar a pesar de sus intenciones. El orden colonial, rico en desigualdades, tiende a ser reemplazado por otro que no las elimina e introduce otras nuevas. Del antiguo régimen quedó de pie en todo aquello a lo que no afectara las nuevas modalidades del comercio antimonopólico y financiero. La línea de castas, cada vez más sensible en el período colonial, se afirma allí donde coinciden con diferencias económicas y en las que los indígenas se convierten en una raza social, esto es, en un grupo que no se define de manera biológica sino social, aunque las palabras que le sirven de etiqueta puedan haber estado originariamente referidas a características biológicas[1].

Con el nuevo orden, las defensorías de indios desaparecieron y los indígenas fueron acogidos por los pueblos independizados, con esperanzada fraternidad. Es más, la supresión de la antigua institución "protectora" se fundaba en que suponía un destrato por incapacidad de la condición indígena. Pero las buenas intenciones, al no estar sustentadas en una transformación efectiva de las relaciones sociales y de producción, llevaron rápidamente al conflicto y a la guerra. Es por ese motivo que parece apropiado considerar la situación, para replantearla en el marco de la efectiva vigencia de los derechos de los pueblos indígenas y, desde la experiencia, definir su relación con las instituciones públicas de defensa de los derechos humanos.

Analizaremos en primer lugar la situación en nuestro país desde su configuración como Estado independiente y sus relaciones con la población indígena a partir de entonces.

Comenta Abelardo Levaggi que "la figura institucional del protector de naturales tendió a borrarse y su lugar fue ocupado por más de un siglo por la del defensor de incapaces o menores. Si bien no conozco –afirma– ninguna actuación concreta en virtud de la cual se haya decidido el cambio, parece probable que lo motivara una razón de economía o, tal vez, el tan mentado principio de igualdad, entendido en este caso como la asignación a los indios de la

[1] Fuenzalida, "Poder, raza y etnia en el Perú contemporáneo", en Fuenzalida - Mayer - Escobar - Bourricaud - Matos Mar, *El indio y el poder en el Perú*, p. 27.

misma representación que a los demás incapaces. Sin embargo, si este fue el motivo, ¿dónde quedó la declaración de igualdad, no precisamente con los incapaces, sino con los hombres libres? Puede conjeturarse que la transferencia de esta función a los defensores se operó en todas las provincias, es decir que fue una práctica uniforme, aunque no simultánea. Hacia 1832, Juan Escalante fue ratificado como protector de los naturales de las reducciones del Rosario y Asunción, en Mendoza, por decreto del gobernador Pedro Nolasco Ortiz, y en ese carácter actuó en defensa de sus tierras. En cambio, en otras partes, los defensores de menores venían desempeñando esa representación desde hacía varios años. Está documentado, por ejemplo, que el regidor defensor de menores de Tucumán peticionaba ante el gobernador Nicolás Laguna, en 1823, a nombre de los indios de Amaycha. En Buenos Aires, el decreto de Juan Manuel de Rosas del 29 de diciembre de 1829 prescribió que el defensor de pobres y menores 'reuniera' el título de protector de naturales"[2].

A lo largo de esas relaciones, que fueron ciertamente asimétricas, hubo varias etapas, algunas yuxtapuestas, que dan testimonio de la despreocupación por la vida de la comunidad indígena. A tal punto llegó el desinterés, que hoy, después de algunas décadas en que fueron tomando impulso, los derechos de los pueblos indígenas adquirieron la categoría de derechos humanos específicos.

Ese recorrido histórico tuvo una primera parte al que tal vez, con alguna ambigüedad, podríamos llamar de integración y militarización forzada. La otra parte, muchísima más extensa, que llega incluso hasta el presente, es la etapa del "problema indígena", al que un prurito de conciencia algunos llamaron "cuestión indígena", que es lo mismo[3], aun-

[2] LEVAGGI, *La protección de los naturales por el Estado argentino (1810-1950). El problema de la capacidad,* "Revista de Historia del Derecho Chilena", nº 16, p. 452.

[3] Según el *Diccionario de lengua española,* "cuestión" es, entre otras acepciones, "problema que debe ser resuelto por métodos científicos".

que raramente hoy se lo denomine así, para no quedar atrapados en la drástica condenación de los "problemas"[4].

En la primera década inmediatamente posterior a la Revolución de Mayo no solo se avanzó en materia legislativa en relación con los indígenas; se vivió también un período de calma con los nómades de La Pampa. Eso se debió, según un historiador "a la mediación de militares con gran experiencia en el trato con los indios, como el [...] coronel García (Pedro Andrés) y el comandante Ramón Echeverría, cuya influencia sobre las tribus logró un transitorio cese de hostilidades y redujo el volumen de los robos de ganado"[5]. Más aún, miles fueron los indígenas que pasaron a integrar los ejércitos libertadores[6].

En 1811 una delegación de caciques que tenían amistosas relaciones con el coronel Pedro Andrés García se acercó a Buenos Aires para saludar al gobierno surgido de la Revolución que oyó "con la más tierna emoción, las demostraciones afectuosas [...] de cuya sinceridad ha recibido antes de ahora pruebas inequívocas [...] El señor presidente de turno (del Triunvirato) D. Feliciano Chiclana les hizo un breve discurso, y entre otras cosas dijo: 'El servicio más importante que este gobierno puede hacer a su país es perpetuar en él, por la dulzura de su administración, a los que se unen a sus principios. Cualquiera sea la nación de que procedan o las diferencias de su idioma y costumbres, los considera siempre como la adquisición más preciosa. Si reconoce esta obligación respecto de todos los que pertenecen al globo que habi-

[4] "La palabra problema puede ser una insidiosa petición de principio. Hablar del problema judío es postular que los judíos son un problema; es vaticinar (y recomendar) las persecuciones, la expoliación, los balazos, el degüello, el estupro y la lectura de la prosa del doctor Rosemberg" (Borges, *El lenguaje de Buenos Aires*, p. 39). Así debe haber sucedido con la XII Conferencia Nacional de Abogados en San Miguel de Tucumán que en octubre de 1995 debió corregir su programa reemplazando el tema "Problemática indígena" por "Derecho de los pueblos indígenas" (XII Conferencia Nacional de Abogados, San Miguel de Tucumán, octubre de 1995, *Las leyes que la Constitución manda sancionar*, p. 109 y 110).

[5] Paéz, *La conquista del desierto*, p. 21.

[6] Pomer, *El soldado criollo*, p. 90.

tamos, en general, ¡cuál no será la afinidad de sangre que tan estrechamente nos une! Sin entrar en el examen de las causas que nos han separado hasta hoy, bástenos decir que somos vástagos de un mismo tronco [...] ¡Amigos, compatriotas y hermanos, unámonos para constituir una sola familia!'"[7].

Seguramente ese espíritu animó a Vicente López cuando redactó la letra del Himno Nacional que, como el sol del escudo argentino, rememoraba a Inti, el astro dios de los incas. Los revolucionarios no ocultaban la creencia de que sus propósitos renovaban el "antiguo esplendor" del continente sometido. Los viejos incas se estremecían en sus tumbas, como dice la canción patria, al saber que sus hijos revivían su pasada gloria[8].

Entre los hechos más significativos que se produjeron en esa década en relación con los pobladores originarios de América, se debe señalar la propuesta que llevó adelante en 1816 Manuel Belgrano, con el apoyo de José de San Martín y Martín Miguel de Güemes, entre muchos otros, de coronar a un descendiente de los incas[9] –concretamente a Juan Bautista Tupac, hermano de José Gabriel Condorcanqui, Tupac Amarú–, como emperador de las Provincias Unidas de Sudamérica con su capital en Cuzco. La idea abortó por diversas circunstancias y Juan Bautista Tupac, que había vivido la mitad de su vida en prisión, murió con más de ochenta años en Buenos Aires[10]. Proclamada la independencia, el 31 de julio de 1816 Pedro Ignacio de Castro Barros, diputado al Congreso por La Rioja, declaró que "debían ser llamados los incas al trono de sus mayores, del que habían sido despojados por usurpación de los reyes de España"[11].

[7] *Gaceta de Buenos Aires (1810-1821)*, reimpresión facsimilar dirigida por la Junta de Historia y Numismática Americana, t. II, p. 793, 794, 977 y 978.

[8] Ver Lanuza, "El sol del escudo y el sol de los incas", en Lanuza, *Un inglés en San Lorenzo y otros relatos*, p. 25.

[9] Ver Mitre, *Historia de Belgrano y de la independencia argentina*, t. II, p. 262 a 272.

[10] Sobre los pormenores de esta iniciativa, ver Negrete, *Juan Bautista Tupac, el rey que Argentina pudo tener*, "Perfil", 10/7/2016.

[11] Rosenblat, *La población indígena de América*, p. 39.

La historia cambió a partir de 1820. La imperiosa necesidad de expandir las fronteras, como consecuencia de la valorización de los ganados, consecuencia del comercio libre, fue llevando a los "blancos cristianos" a sobrepasar cada vez más el río Salado. Por el año 1820 las relaciones se hicieron más hostiles y desde entonces hubo frecuentes enfrentamientos. Un malón ranquel atacó el pueblo de Salto, en respuesta de lo cual el general Martín Rodríguez, jefe militar de la campaña de Buenos Aires, dirigió una expedición punitiva (la primera "expedición al desierto"). Un claro testimonio de ese cambio de relaciones (antes amistosas), lo hallamos en un parte del propio jefe militar, Martín Rodríguez, después de una acción represiva contra los indígenas que encabezó en 1823: "La experiencia de todo lo hecho nos enseña el medio de manejarse con estos hombres: ella nos guía al convencimiento que la guerra con ellos debe llevarse hasta su exterminio. Hemos oído muchas veces a genios más filantrópicos, la susceptibilidad de su civilización e industria, y lo fácil de su seducción a la amistad. Sería un error permanecer en un concepto de esta naturaleza y tal vez perjudicial [...] Veríamos también con dolor, que los pueblos civilizados no podrán jamás sacar ningún partido de ellos ni por la cultura, ni por ninguna razón favorable a su prosperidad. En la guerra se presenta el único remedio, bajo el principio de desechar toda idea de urbanidad y considerarlos como a enemigos que es preciso destruir y exterminar"[12].

En la Argentina y en general en toda Latinoamérica, una vez concluida la guerra por la independencia, se adoptaron dos formas para encarar las relaciones contra los pueblos indígenas: de un lado el exterminio; por el otro, el de su asimilación a la "sociedad civilizada" a través de la catequesis y la educación. Como acabamos de ver, la opción militar fue la que prevaleció, con una guerra despiadada a lo largo de un extenso y difuso espacio al que se denominaba frontera. Tal como dice Ángel Rosenblat, "las luchas fronterizas entre colonos e indios, con sus contornos de ferocidad, no se

[12] Rodríguez, *Diario de la expedición al desierto*, p. 67.

pueden reducir esquemáticamente a una lucha entre civilización y barbarie: la frontera fue muchas veces la frontera entre dos barbaries"[13]. Esto caracterizará no solo una política de Estado con relación al indígena: abrirá paso a una legislación acorde hasta 1884, cuando se sancionó la ley 1470 autorizando la ocupación militar del Chaco, después de haberse ocupado militarmente los territorios de La Pampa y la Patagonia.

La ley 215 de 1867, primera ley en la materia, es presentada como una medida de seguridad interior especialmente consagrada a los amenazados territorios del sud argentino. "Todo cuanto podamos hacer para completar la organización de este país es insuficiente mientras no se asegure la frontera y con ella la propiedad de sus habitantes"[14], "la incesante devastación de nuestras fronteras por los bárbaros del desierto. No pasa un solo mes, y hasta por semanas, que no se dé noticia de una nueva invasión con lúgubres detalles"[15].

En este período también se construye el prejuicioso estereotipo del indio como persona viciosa, haragana, pendenciera, alcohólica, pedigüeña. Se lo asocia colectivamente con el malón. Hay algunos dichos y expresiones que hasta le retacean su condición humana en un grado que no desmerece la mirada del conquistador. La literatura no quedó al margen de estas valoraciones: los poetas argentinos –entre los de más relieve del siglo XIX– ESTEBAN ECHEVERRÍA, HILARIO ASCASUBI y JOSÉ HERNÁNDEZ presentan al indio como devastador, vicioso y asesino[16]. No era más favorable la impresión que los pueblos indígenas causaban a SARMIENTO[17], ALBERDI[18] y hasta a MANUEL UGARTE[19].

[13] ROSENBLAT, *La población indígena de América*, p. 67.

[14] OROÑO, *Diario de Sesiones Cámara de Diputados de la Nación*, 3 de septiembre de 1863, p. 147.

[15] MADARIAGA, *Diario de Sesiones Cámara de Senadores*, 2 de julio de 1867, p. 131.

[16] COMETTA MANZONI, *El indio en la poesía de América española*, p. 199 y 200.

[17] SARMIENTO, *Conflictos y armonías de las razas en América*, *passim*.

[18] ALBERDI, *Bases y puntos de partida para la organización política de la República Argentina*, p. 47, *passim*.

[19] UGARTE, *Una tarde de otoño*, p. 37 y siguientes.

Esa no era la visión de todos. Tal por caso LUCIO V. MANSILLA, aristócrata militar que después de haber convivido un tiempo con los indígenas negociando un acuerdo de paz, dejó una versión veraz del mundo desconocido de las tolderías. Lo hizo en prosa ligera y sencilla pero incisiva y totalmente ajena a la distorsión del tema indígena que era propio de la tradición romántica. Domina en su pensamiento la asimilación pacífica del indio y su condena a cualquier expedición punitiva contra ellos. Documenta cuestiones atinentes a la vida de los habitantes pobres de las pampas: gauchos e indios y denuncia arbitrariedades y violencias contra ellos al igual que, entre otros, ÁLVARO BARROS GARCÍA, paradójicamente hombre de armas como él. Esto no significa que su obra pase de ser un libro de viajes y que sus posiciones no vayan más allá de la teoría de la "asimilación". Esto se aprecia en el momento que compara a los indígenas con las pautas de la civilización; y cuando expresa admiración por alguno de ellos, lo hace a partir de conductas que los aproximan de los paradigmas sociales imperantes.

Leamos lo que dice en algunas de sus páginas porque el juicio vale como ejemplo: "Tanto que declamamos sobre nuestra sabiduría, tanto que leemos y estudiamos ¿para qué? Para despreciar a un pobre indio, llamándole bárbaro, salvaje; para pedir su exterminio, porque su sangre, su raza, sus instintos, sus aptitudes no son susceptibles de asimilarse con nuestra civilización empírica, que se dice humanitaria, recta y justiciera, aunque hace morir a hierro al que a hierro mata, y se ensangrienta por cuestión de amor propio, de avaricia, de engrandecimiento, de orgullo; que para todos nos presenta en nombre del derecho el filo de una espada, en una palabra, que mantiene la pena del talión, porque si yo mato, me matan; que en definitiva, lo que más respeta es la fuerza, desde que cualquier Breno[20] de las batallas

[20] Jefe de los galos que en el siglo IV a.C. venció a los romanos y ocupó Roma salvo el Capitolio. Para detener los saqueos se pactó la paz mediante el pago de 1.000 libras de oro. Mientras se pesaba el metal, Breno añadió su espada a las pesas y ante la protesta de los romanos exclamo: *Vae victis!* (Ay de los vencidos).

o del dinero es capaz de hacer inclinar de su lado la balanza de la justicia"[21].

Las dos modalidades para tratar el problema de las fronteras se sucedieron: primero la guerra e implícitamente el exterminio. Sus precursores fueron Martín Rodríguez y Rosas[22] y su "mejor" ejecutor, como es sabido, JULIO A. ROCA. "A mi juicio –decía el general ROCA, al entonces ministro de guerra y marina Adolfo Alsina–, el mejor sistema para concluir con los indios, ya sea extinguiéndolos o arrojándolos al otro lado del río Negro, es el de la guerra ofensiva, que es el mismo seguido por Rosas, que casi concluyó con ellos... El sistema actual de líneas de fuertes, establecido a fines del siglo pasado por Azara, y el mantenerse a la defensiva, avanzando lentamente con la población, ya sabemos cuáles son sus resultados y cuáles serán en adelante [...] Los fuertes fijos en medio del desierto matan la disciplina, diezman las tropas, y poco o ningún espacio dominan. Para mí el mayor fuerte, la mejor muralla para guerrear con los indios de la Pampa y reducirlos de una vez, es un regimiento o una fracción de tropas de las dos armas, bien montadas, que anden constantemente recorriendo las guaridas de los indios apareciéndoseles por donde menos lo piensen"[23].

De la otra parte Alsina, asumiendo en esencia la idea de la asimilación e integración del indígena, proponía una política defensiva porque la guerra era "contra el desierto para poblarlo y no contra el indio para exterminarlo", que materializada, un poco candorosamente, ordenando cavar un zanjón defensivo (la "zanja de Alsina") sobre la que ironizaba el coronel Álvaro Barros diciendo que se deberían em-

[21] MANSILLA, *Una excursión a los indios ranqueles*, p. 373.

[22] Carta de Juan Manuel de Rosas a Estanislao López publicada posteriormente en el Archivo Americano dirigido por PEDRO DE ANGELIS y transcripta en SALDÍAS, *Historia de la Confederación Argentina* (1881/83), t. 1, p. 351.

[23] Carta del general Julio A. Roca al señor Ministro de Guerra y Marina Dr. D. Adolfo Alsina fechada en Río Cuarto el 19 de octubre de 1875 y reproducida en OLASCOAGA, *La conquista del desierto proyectada y llevada a cabo por el Excmo. Señor Ministro de Guerra y Marina general D. Julio A. Roca. Estudio topográfico de La Pampa y Río Negro*, t. I, p. 16 a 18.

plear dos millones de personas y construir una larga línea de fortines para defenderse de menos de 30.000 indígenas[24].

Después de la llamada "campaña al desierto" que ocupó militarmente La Pampa, la Patagonia y el Chaco, se deja de hablar de la línea de frontera como si se tratase de una marca divisoria entre países vecinos. En 1884 decía el senador Absalón Rojas: "es necesario que desaparezca de nuestro vocabulario el nombre de fronteras, que antes nos dividía de los salvajes, estableciendo una línea de separación entre la civilización y la barbarie"[25].

Ya ninguna tierra pertenecerá al indígena, todas pasan a ser propiedad de la nación. "Bajo cualquier punto de vista que se considere los territorios nacionales, ya originariamente adquiridos por la conquista o más luego por la cesión, el gobierno tiene el derecho de administrarlos por el sistema a que estime más propio y conveniente"[26].

La ocupación de los territorios "conquistados" consuma la etapa de sometimiento de los pueblos indígenas. En un mensaje al Congreso promoviendo la sanción de la que luego fue la ley 1470, el presidente Roca afirmaba: "Debemos remover las fronteras con los indígenas: estos deben caer sometidos o reducidos bajo la jurisdicción nacional, pudiendo entonces entregar seguras a la inmigración y a las explotaciones de las industrias de la civilización"[27].

La ley 215 de 1867, había previsto dos tipos de sometimiento: el voluntario y el forzoso. Según esta norma a quienes se sometiesen voluntariamente se les otorgarán territorios, cuyas extensiones serían convenidas con el Poder Ejecutivo. En cambio, a las tribus que se sometan por la fuerza le cabe al gobierno nacional tal atribución. En un mensaje al Con-

[24] Ver Justo, "Los imperios del desierto", en Justo, *Historia integral argentina*, t. 3, p. 24.

[25] Rojas, *Diario de Sesiones Cámara de Senadores*, 19 de agosto de 1884, p. 375.

[26] Cárcano, *Diario de Sesiones Cámara de Diputados*, 17 de septiembre de 1884, p. 1068.

[27] Mensaje Poder Ejecutivo, *Diario de Sesiones Cámara de Senadores*, 19 de agosto de 1884, p. 374.

greso, Avellaneda dice que "el hecho capital de estos últimos tiempos, la supresión o el sometimiento del indio en la Pampa y en la Patagonia, queda concluido"[28]. Y ROCA en 1884: "El último de los caciques del sur [...] se encuentra él en esta capital, a donde ha venido a rendir homenaje y jurar acatamiento a la autoridad nacional"[29].

Los cuestionamientos éticos que planteó la llamada conquista del desierto, no son ciertamente de hoy. "La Nación", el diario de BARTOLOMÉ MITRE, publica los días 16 y 17 de noviembre de 1878 una grave denuncia –que indigna al cronista–, ante la noticia del fusilamiento de sesenta ranqueles prisioneros y desarmados por orden del comandante Rudecindo Roca (hermano del general) en Villa Mercedes, agregando que esa clase de actos no respetaban ni "las leyes de la humanidad[30] ni las leyes que rigen el acto de guerra".

Una vez sometido el indígena, se plantea la necesidad de su colocación. En 1885, el ministro de Relaciones Exteriores del gobierno de ROCA, FRANCISCO ORTIZ, dice con toda claridad: "Este es el problema a resolver: si rechazamos a esos indios, si los asesinamos, si los mantenemos en guerra perpetua; o si se hacen los sacrificios necesarios para amansarlos, domesticarlos, civilizarlos gradualmente, para que se incorporen a nuestra civilización, haciendo de ellos hombres útiles en lugar de ladrones, de salteadores, de asesinos [...] algo tenemos que hacer en favor de esa raza desheredada, que nosotros mismos hemos arrojado fuera del territorio que antes ocupaban"[31].

Naturalmente, la colocación o incorporación del indígena a la "sociedad civilizada" significó bien poco para ellos, porque esa colocación o incorporación implicaba el aban-

[28] Mensaje del Presidente de la Nación Nicolás Avellaneda, *Diario de Sesiones Cámara de Senadores,* 4 de mayo de 1880, p. 288.

[29] Mensaje del Presidente de la Nación Julio A. Roca, *Diario de Sesiones de la Cámara de Senadores,* 7 de mayo de 1885.

[30] Ignoramos si alguna vez antes en nuestra historia se habló de "lesa humanidad".

[31] ORTIZ, *Diario de Sesiones Cámara de diputados,* 24 de agosto de 1885, p. 519.

dono de su lengua, de sus costumbres y hábitos de vida; la subordinación a los valores de una cultura que no le era propia; la pérdida de sus antiguas posesiones, la ruptura de sus vínculos con la tierra y la disolución de sus relaciones de parentesco. El Estado fue concretando esa colocación a través de la incorporación de indígenas al ejército, como había hecho antes con los ejércitos de la independencia. Se puede leer en un mensaje del presidente Avellaneda que "el indio es un excelente soldado y ha entrado a llenar el cuadro de nuestros batallones [...] Las mujeres y los niños han sido distribuidos por las sociedades de beneficencia entre las familias"[32].

Otra de las ideas ensayadas fue el de las misiones y colonias religiosas. El primer caso fue el de la concesión de tierras a un pastor anglicano, Thomas Bridges, ciudadano argentino de origen inglés, criado en las Islas Malvinas, y fundador de una misión en Ushuaia. Si bien se pensó que era una forma de "colocación indígena", no fue ajena a esa resolución, ejercer un acto de soberanía territorial sobre aquellos lejanos confines del continente. Esto provocó fuertes controversias con sectores católicos ultramontanos que veían en las misiones a cargo de cristianos no católicos, la penetración de sectas religiosas que contradecía la letra y el espíritu de la Constitución que solo promovía la conversión de los naturales al catolicismo.

A partir de principios del siglo XX, el Poder Ejecutivo autoriza la creación de misiones a cargo de la orden franciscana, en el entonces territorio nacional de Formosa "para regeneración del indio y su incorporación a la vida cristiana y civilizada"[33]. Respecto a las tierras de esas misiones, las normas disponían su adjudicación a los misioneros, quienes eran a su vez los encargados de otorgarlas a los indígenas, autorizándolos para entregar los títulos de propiedad.

[32] Mensaje del presidente de la Nación Nicolás Avellaneda, *Diario de Sesiones de la Cámara de Senadores*, 5 de mayo de 1879, p. 10.

[33] De los fundamentos del decreto del 20 de agosto de 1912, Boletín Oficial del 25 de agosto de 1912.

Recién en 1958 fueron derogados los decretos que habían autorizado estas misiones religiosas en Formosa. Entre 1949 y 1969 las leyes de ministerios, incluyeron entre las competencias del Ministerio de Relaciones Exteriores y Culto, la promoción y el sostenimiento de la religión católica en aquellas misiones.

A partir de 1910, se estableció otro modo de integración: las reducciones. Consistían en la entrega provisoria de tierras fiscales, semillas, animales de labor y herramientas, a una tribu. La gestión quedaba a cargo de una Comisión Financiera, luego Comisión Honoraria de Reducciones de los Indios, cuyas competencias revelaban su carácter "tutelar". Repite en consecuencia la idea que el indígena era un ser incapaz por esencia, que debía ser protegido precisamente por esa incapacidad. Un decreto del 3 de mayo 1899 había dispuesto que los defensores de menores se hiciesen cargo de la defensa, tutela y protección de los indígenas, restableciendo así y en cierto modo la protectoría de indios colonial en su versión procesal. Pero sus razones no llegaban siquiera a los propósitos reivindicativos que planteaba BARTOLOMÉ DE LAS CASAS ante la corte de los Habsburgo.

En 1940, sobre la base de varias iniciativas que se elaboraron en la década anterior, se sancionó la ley 12.636, de colonización y creación del Consejo Agrario Nacional, que prevé la organización de colonias agrícolas y pastoriles en tierras fiscales, que se otorgarían en propiedad a los indígenas del país. Cabe señalar que esta idea de entregar tierras en propiedad los pueblos indígenas, es el primer reconocimiento de sus derechos sobre la tierra, en el marco de las normas referidas a la colocación, y se debe a la intervención del diputado CARLOS P. MONTAGNA: "Voy a pedir el agregado de un artículo... por él se establece la cesión de tierras a los indígenas [...] Ha llegado el momento de que terminemos con las peregrinaciones de los indígenas del norte y del sur de la República que vienen a esta capital a pedir al Estado clemencia y tierras que en realidad les corresponden de derecho por haber sido los primeros pobladores"[34].

La ley 14.254 de 1953, menos integral que la anterior en cuanto a la "colocación" indígena, tiene importancia porque es la primera norma que valora la cultura de los pueblos originarios, aunque sea de un modo ostensiblemente contradictorio en cuanto a que el objetivo sigue siendo expresamente la asimilación y la adaptación del indígena a la sociedad que establece las normas básicas de la nacionalidad[35].

En el curso de cien años, el tratamiento del tema indígena evolucionó muy poco. Se aprobaron algunas leyes concediendo tierras (3902, 3154, 3814, 14.392, 14.551) y de protección al trabajo de acuerdo a convenios por la Conferencia Internacional del Trabajo (13.560, 14.932), pero en ningún caso se abandonó el antiguo paradigma de la asimilación a valores y culturas que no les eran propios.

Desde el punto de vista constitucional, cabe decir que la Constitución de 1853-1860 le había dado al tema indígena una consideración precaria que contrastaba con la inmodificable certeza de otros de sus preceptos. El art. 67, inc. 15, establecía: "proveer a la seguridad de las fronteras, conservar el trato pacífico con los indios y promover la conversión de ellos al catolicismo". En ese aspecto el texto se apartó del Proyecto de Alberdi, que solo hacía una referencia incidental al hablar de la colonización de las tierras desiertas y habitadas por indígenas (art. 67, inc. 3).

Fue el convencional Benjamín Lavaisse que en su condición de sacerdote pidió que no solo se establezca como principio el trato pacífico con los indios, sino también su conversión al cristianismo católico. José Benjamín Gorostiaga redactó finalmente la norma, tal cual como fue aprobada[36].

[34] Montagna, *Diario de Sesiones Cámara de Diputados*, 13 de septiembre de 1939, p. 221.

[35] Dirección de Información Parlamentaria, *Tratamiento de la cuestión indígena*, p. 41.

[36] Dirección de Información Parlamentaria, *Tratamiento de la cuestión indígena*, 65 y 66.

En una palabra, la constitución le reconocía al indio los mismos derechos que al hombre blanco, a excepción de la libertad de cultos. Esta norma constitucional fue muy cuestionada a lo largo del siglo XX y se presentaron numerosos proyectos para suprimirla. Así lo hizo la Constitución de 1949, aunque no trató otro tema en torno a los pueblos originarios. Lo máximo que se avanzó en esta materia fue en la Convención Constituyente de Santa Fe, de 1957 (que restableció la vigencia de la Constitución de 1853-1860) cuando el bloque de convencionales del Partido Comunista propuso incorporar al texto constitucional que "las comunidades indígenas (tobas, tehuelches, mocovíes, fueguinos y otras que existan) serán reconocidas jurídicamente y sus miembros gozarán de todos los derechos políticos y sociales"[37].

Resulta algo extraño que, en una edición de 1986, es decir algunos años antes de la reforma de 1994, GERMÁN BIDART CAMPOS afirmara: "La política humanista de nuestra Constitución cobra todo su sentido en las disposiciones sobre los indios. No cabiendo duda alguna acerca de su igualdad de estatus con el resto de la población, el inc. 16 [sic] del art. 67 dispone que corresponde al Congreso conservar el trato pacífico con los indios, y promover la conversión de ellos al catolicismo". Y más adelante: "La evangelización de los indios que surge del inc. 15 [...] importa también una facultad –de ejercicio obligatorio e imperativo– en materia religiosa, para cuya puesta en práctica parece indispensable la relación con la Iglesia, ya que no se supone que convertirlos al catolicismo pueda ser una empresa secular alcanzable con medios puramente civiles o temporales. Aunque hay actualmente escaso margen de aplicación de esta norma, su mantenimiento en el texto de la constitución formal conserva el valor de servir para captar un programa cultural y ético dentro de su ideología, y para reconocer el contenido confesional que ha asumido en concordancia con el art. 2º"[38].

[37] Convención Nacional Constituyente, 1957, p. 1506.

[38] BIDART CAMPOS, *Tratado elemental de derecho constitucional argentino*, t. II, p. 137 y 141.

Muy sintéticamente, este ha sido el desarrollo del tratamiento indígena en nuestro país, y podríamos decir de todo Latinoamérica desde que se suprimió la institución de la Protectoría de Indios con la independencia de España hasta casi el presente. No se puede desconocer que durante el siglo XX se replantearon muchas posiciones que le fueron quitando el rigor por momentos racista y discriminante vivido en el siglo XIX, del que es un patético ejemplo el pensamiento de un liberal e ilustrado publicista como JUAN BAUTISTA ALBERDI, cuando –muy lejos del pensamiento de MARIANO MORENO o de FELICIANO CHICLANA y en las antípodas de fray BARTOLOMÉ DE LAS CASAS– se preguntaba: "¿Quién casaría a su hermana o a su hija con un infanzón de la Araucaria, y no mil veces con un zapatero inglés?"[39]. Por lo menos hasta las últimas dos décadas del siglo XX, la mayoría de las propuestas políticas y legislativas, fueron inspiradas en consideraciones humanitarias, siempre adscriptas a la idea de la asimilación. Como dice EDGARDO KREBS: "Cuando se habla de derecho indígena, en realidad se habla de la actitud de los Estados nacionales hacia los pueblos cuya historia y cultura los coloca en posición de extraños dentro de ese imaginario perímetro"[40].

[39] ALBERDI, *Bases y puntos de partida para la organización política de la República Argentina*, p. 47.

[40] KREBS, *El peso de ser indígena*, "La Nación", 9/8/1998.

XIV

LA REFORMA CONSTITUCIONAL ARGENTINA DE 1994. UNA NUEVA ERA EN EL TRATAMIENTO CON PERSPECTIVA DE DERECHOS HUMANOS

En 1985 se sancionó la ley 23.302 que declaró de interés nacional la atención y apoyo a los aborígenes y a las comunidades indígenas existentes en el país. Se procuró encarar su desarrollo y la plena participación en el proceso socioeconómico y cultural de la Nación, respetando sus propios valores y modalidades. Ordenó implementar planes que permitan su acceso a la propiedad de la tierra y el fomento de su producción agropecuaria, forestal, minera, industrial o artesanal en cualquiera de sus especializaciones, la preservación de sus pautas culturales en los planes de enseñanza y la protección de la salud de sus integrantes. Se trató del primer texto legal que encaró el tema desde una perspectiva de derechos humanos aun antes de la reforma constitucional[1]. Otro paso importante fue la ratificación por la ley 24.071 del convenio 169 de la Organización Internacional del Trabajo (OIT) sobre pueblos indígenas y tribales en países independientes. Viene al caso señalar que recién en 1981 Naciones Unidas creó el Grupo de Trabajo de las Poblaciones Indígenas.

[1] El autor de la iniciativa fue el senador Fernando De la Rúa.

Antes no existía ningún órgano internacional encargado de velar por la protección de los derechos indígenas. A partir de ese momento los pueblos indígenas procuraron aunar criterios para alcanzar una declaración de principios. Una disidencia en torno al empleo de la denominación de pueblos o poblaciones indígenas, demoró por muchos años la aprobación de la declaración, que se saldó con la aprobación del convenio 169, según veremos más adelante.

El convenio 107 adoptado en 1957 –que hablaba de "poblaciones indígenas"–, antecedente del 169, expresaba el pensamiento de protección paternalista de integración o asimilación tradicional, que significaba que los pueblos indígenas al asumir que eran ciudadanos de un Estado desaparecerían como tales.

El convenio 169 de la OIT se sustenta ideológicamente en el reconocimiento de los derechos de los pueblos indígenas por ser grupos colectivos y como individuos con derechos humanos. Se percibe en su lectura un incuestionable respeto hacia el modo y sistema de organización articulados a la identidad de los pueblos. Se inspira en el marco de la Declaración Universal de los Derechos Humanos, en el Pacto Internacional de los Derechos Económicos Sociales y Culturales y el Pacto de los Derechos Civiles y Políticos de las Naciones Unidas. Afirma la identidad de los pueblos y sostiene que los conceptos básicos de su interpretación son el respeto y la participación. El nuevo convenio marca la diferencia y reivindica la diversidad cultural, estableciendo el criterio fundamental de la conciencia de identidad indígena y tribal y descartando la política de integración que había prevalecido y caracterizado a las políticas precedentes en la materia[2].

La detenida consideración de este antecedente –una real referencia a los derechos humanos– es fundamental para interpretar la legislación posterior en esta materia y las propias reformas en las constituciones aprobadas posteriormente.

[2] Prieto, *Derechos humanos de los pueblos indígenas en el marco del convenio 169 de la OIT*, p. 28 y 29.

El explícito reconocimiento de los derechos de los pueblos indígenas como derechos humanos queda consagrado en la Argentina a través de la reforma constitucional de 1994. Según Horacio Rosatti, al momento de la convocatoria para la reforma constitucional, las estrategias posibles de encuadramiento jurídico-político de los indígenas eran tres: la de derogar la cláusula constitucional que imponía la obligación de la conversión de los indios al catolicismo sin otro aditamento; la de considerar a las comunidades indígenas como minorías y la que proponía garantizar la participación igualitaria de los indígenas en la vida nacional[3].

De estas tres opciones, las dos primeras caen por su peso; hubo muchísimos proyectos –como se dijo– de enmienda constitucional para suprimir el antiguo inc. 16 del art. 67 de la Constitución en el curso del siglo XX, a pesar de la apologética consideración hecha contemporáneamente por Bidart Campos y comentada *ut supra*. La Constitución de 1949 directamente la suprimió: "La modificación de este artículo consiste en eliminar la alusión al trato pacífico con los indios, y su conversión al catolicismo, aspecto que hoy resulta anacrónico, por cuanto no se pueden establecer distinciones raciales, ni de ninguna clase, entre los habitantes del país"[4]. La segunda opción no es tampoco recomendable. Es cierto que, como dice Benno Glauser, en muchos países latinoamericanos los habitantes indígenas constituyen una minoría que, como toda minoría, está asentada en las márgenes del proyecto de vida de la sociedad moderna y se ven desprovistos de lo que necesitan para poder continuar viviendo con el proyecto de vida de sus propias culturas, pero con la institucionalización del concepto de minorías, se pueden hacer interpretaciones prejuiciosas –y en este caso parece inevitable–, provocando tensiones y conflictos, la mayor de las veces racistas, en las relaciones con la mayoría.

[3] Rosatti, "Status constitucional de los pueblos indígenas", en Rosatti, *La reforma de la Constitución*, p. 198 y 199.

[4] Vigo, *Reforma constitucional argentina*, p. 259.

La norma constitucional sancionada en 1994 fue mucho más allá de las intenciones señaladas por ROSATTI. El art. 75, inc. 17, reconoce la preexistencia étnica y cultural de los pueblos indígenas argentinos. Garantiza el respeto a su identidad y el derecho a una educación bilingüe e intercultural; reconoce la personería jurídica de sus comunidades, y la posesión y propiedad comunitarias de las tierras que tradicionalmente ocupan y regula la entrega de otras aptas y suficientes para el desarrollo humano. Ninguna de esas tierras será enajenable, transmisible ni susceptible de gravámenes o embargos. Asegura a los indígenas su participación en la gestión referida a sus recursos naturales y a los demás intereses que los afecten. Dispone finalmente que las provincias pueden ejercer concurrentemente estas atribuciones. Es evidente la influencia en la redacción de esta cláusula constitucional del convenio 169 sobre Pueblos Indígenas y Tribales adoptado del 27 de julio de 1989 por la Conferencia General de la Organización Internacional del Trabajo en su septuagésima reunión, que había sido incorporado a la legislación argentina por la ley 24.071.

En torno a esta influencia del convenio 169 en la norma constitucional, nos detenemos en uno de los párrafos de sus fundamentos: "Observando que en muchas partes del mundo esos pueblos no pueden gozar de los derechos humanos fundamentales en el mismo grado que el resto de la población de los Estados en que viven y que sus leyes, valores, costumbres y perspectivas han sufrido a menudo una erosión". Esta afirmación da fundamento para considerar que los derechos reconocidos a los pueblos indígenas en ese cuerpo de normas, revisten la categoría de derechos humanos.

Deben considerarse algunos puntos para valorar adecuadamente la reforma. Más allá de la abrogación de anacrónicas referencias a la seguridad de las fronteras y de la conversión de los "indios" a la religión católica que establecía el texto anterior, cabe hacer referencia a la abolición de la denominación indios[5],

[5] Es sabido que esa denominación respondió al equívoco de Colón por haber supuesto que había llegado a la India. Mientras en los primeros días

que tiene algún matiz peyorativo[6], y su remplazo por "indígenas", palabra de origen latino que significa originario del país.

Otra cuestión de interés es haber adoptado en la Constitución la expresión "pueblos indígenas" en lugar de "población indígena" saldando de ese modo, en forma temprana, una espinosa disidencia. La utilización de la palabra "pueblo" significa reconocer el derecho de esos grupos a mantener su identidad étnica diferenciada de la de los demás componentes de la sociedad en la que están insertos, así como el derecho a poseer el sustento territorial y ecológico que necesitan. Son sociedades con identidad y organización propias. En este sentido "pueblo" no es sinónimo de autodeterminación política. Por eso se escribe con minúsculas para no confundir el concepto como sinónimo de Estado. "Poblaciones indígenas" es una expresión que apunta más a un conglomerado, sin identidad precisa y revela algún estado de transitoriedad. La no aceptación de la expresión "pueblos indígenas" y su reemplazo por "poblaciones indígenas" demoró –como hemos dicho– la aprobación de la Declaración de las Naciones Unidas sobre esta materia, hasta el año 2007[7].

Las leyes 23.302 y 24.071 a las que aludimos anteriormente, fueron antecedentes valiosos para adoptar la nueva norma constitucional.

En tal sentido, se dijo: "La reforma incorpora el criterio de integración participativa (no forzada ni coaccionada)

---

se refiere a los habitantes de las islas como hombres, gente, personas, a partir del 17 de octubre de 1492, según su diario de viaje, los llamará indios y ya nunca se los va a llamar de otra forma (COLOMB, *Relation des quatre voyages de 1492 a 1504*, t. II p. 62).

[6] "Nos denominan indios para empezar, eso siempre está a la cabeza, que nosotros somos silvícolas o silvícolas aborígenes, tribus, originarios, oriundos, grupo étnico, indígenas [...] En fin, muchos nombres, y siguen apareciendo otros muy desagradables, como salvajes. Esa palabra o título con el que nos designan es muy desagradable, nos dicen como si fuéramos objetos, como si fuéramos animales de la selva, pero no es así" (ZACU MBOROVAICHI, "La problemática en Bolivia", en *Derechos humanos de los pueblos indígenas*, p. 113).

[7] Ver PRIETO, *Derechos humanos de los pueblos indígenas en el marco del Convenio 169 de la OIT*, p. 33.

de los indígenas a la vida nacional dentro de un marco de respeto de sus identidades étnicas y culturales, cuya preexistencia al Estado nacional se admite explícitamente constituyendo el fundamento socio-histórico-político del reconocimiento de ciertos derechos que, de otro modo, podrían considerarse como privilegios con relación al resto de la población nacional"[8].

Entendemos que la ubicación que se dio en el texto constitucional a los derechos de los pueblos indígenas no fue la correcta. Amengua su trascendencia que se acote a ser reconocido un derecho solo referenciándolo a la potestad legislativa. Debió haber sido incluido en el Capítulo II de la Primera Parte, aunque para ellos debería haberse reemplazado su denominación de "Nuevos Derechos y Garantías", tampoco de muy feliz redacción.

Una importante novedad fue la recepción en el Código Civil y Comercial de la Nación de normas específicas para asegurar los derechos de los pueblos indígenas. En primer lugar, el art. 18 referido a los derechos de las comunidades a la posesión y propiedad de las tierras que tradicionalmente ocupan, y de aquellas otras aptas y suficientes para el desarrollo humano. En segundo lugar, el art. 63 que se refiere a las reglas concernientes al prenombre, en el que se estableces en su inc. *c*, que pueden inscribirse nombres aborígenes o derivados de voces aborígenes.

La reforma constitucional hizo posible la sanción de normas en favor de la protección de los derechos de los pueblos originarios. Así, por ejemplo, la ley 25.517, que ordenó que se pusiera a disposición de los pueblos indígenas que los reclamen los restos mortales de integrantes de esos pueblos que formen parte de museos o colecciones públicas o privadas. La ley 24.544, que aprobó el convenio consultivo del Fondo para el Desarrollo de los Pueblos Indígenas de América Latina y el Caribe; la ley 26.160, que declaró la emergencia en materia de posesión y propiedad de las tierras que

[8] Rosatti, "Status constitucional de los pueblos indígenas", en Rosatti, *La reforma de la Constitución*, p. 198 y 199.

tradicionalmente ocupan las comunidades indígenas originarias del país; la ley 26.602, ley general de educación, que estableció la educación intercultural bilingüe; la ley 26.331, que fijó los presupuestos mínimos de protección ambiental para el enriquecimiento, restauración, conservación, aprovechamiento y manejo sostenibles de bosques nativos. Se mencionan a los pueblos originarios en muchas de sus normas, y la ley 27.118, que declaró de interés público la agricultura familiar, campesina e indígena.

Muchas constituciones provinciales argentinas consagraron normas de diferente carácter en torno a los derechos de los pueblos indígenas. Su énfasis y alcances están en directa relación con la fecha de la reforma de la Constitución nacional: Jujuy, art. 50 (1986); Río Negro, art. 42 (1988); Buenos Aires, art. 36, inc. 9 (1994); Chaco, art. 37 (1994); Chubut, art. 34 (1994); La Pampa, art. 6º, párr. 2 (1994); Salta, art. 15 (1998); Formosa, art. 79 (2003); Neuquén, art. 53 (2006); Tucumán, art. 149 (2006); Corrientes, art. 66 (2007); Entre Ríos, art. 33 (2008). Existen también algunas normas, pero solo de rango legislativo, en las provincias de Catamarca, La Rioja, Mendoza, Misiones, Santa Fe y Tierra del Fuego.

Pese a los avances logrados, continúan presentes los grandes problemas que han venido sufriendo secularmente los pueblos indígenas. Sus principales desafíos siguen vinculados a las cuestiones territoriales y a la pobreza extrema patentizada en la falta de acceso a la salud, al agua y a los servicios, sin contar la vivienda y la educación. Esto es muy evidente en las provincias del norte argentino según lo han podido verificar muchas organizaciones vinculadas a la protección de los derechos humanos y organismos internacionales.

XV

MIRADA SOBRE LATINOAMÉRICA

El filósofo mexicano LEOPOLDO ZEA dice que "América Latina ha venido reaccionando de una manera muy poderosa para vencer, no solo los obstáculos internos que nos ha impuesto nuestro propio pasado, sino también los externos que nos imponen otras fuerzas ajenas a nosotros mismos y que impiden a nuestra América su occidentalización, esto es, el disfrute de los bienes que el occidente ha mostrado al mundo entre las que se cuentan las instituciones liberales y los frutos de la industrialización al servicio de los pueblos que ponen tanto sus materias primas como el trabajo humano que las transforma"[1]. Este pensamiento sintetiza la más progresista de las perspectivas para nuestra región desde el punto de vista político, social y cultural que inauguró con el siglo XX la Revolución mexicana y el movimiento de la Reforma Universitaria de Córdoba de 1918. Desde allí se proyectaron importantes transformaciones sociales y políticas, algunas realizadas y otras frustradas, pero no se llegó a comprender la situación indígena: certificó un criterio asimilativo enmascarando la desculturalización de esos pueblos. Tal vez esa mirada con sensibilidad democrática, asumía como ineluctable el cuadro en ruinas que describía Rosenblat sin apartarse de la verdad: "Centenares de pueblos y de lenguas se han ex-

[1] ZEA, *América Latina y el mundo*, p. 36.

tinguido en los últimos cuatro siglos de la historia americana. Otros centenares de pueblos y de lenguas han entrado en una agonía más o menos rápida. Los restos del pasado indígena no ofrece hoy ni unidad étnica, ni lingüística, ni religiosa ni cultural. No hay una raza indígena sino grupos raciales distintos, producto de distintas migraciones, entrecruzadas de maneras diversas a través de los siglos"[2].

Quien lo advirtió tempranamente fue José Carlos Mariátegui, quien afirmó que "la cuestión indígena [...] Tiene sus raíces en el régimen de propiedad de la tierra. Cualquier intento de resolverla con medidas de administración o policía, con métodos de enseñanza o con obras de vialidad, constituye un trabajo superficial o adjetivo"[3]. En una nota al pie agrega: "la fe en el resurgimiento indígena no proviene de un proceso de 'occidentalización' material de la tierra quechua. No es la civilización, no es el alfabeto del blanco, lo que levanta el alma del indio"[4].

Las relaciones entre los indígenas y el poder político en los países latinoamericanos fueron, en términos generales, semejantes a las que hubo en la Argentina según hemos visto en el capítulo XIII. En México, por ejemplo, el 29 de noviembre de 1810, desde su cuartel de Guadalajara, el padre de la independencia, el cura Hidalgo declaró abolida la esclavitud y dispuso el cese de los tributos a las castas "y toda exacción que a los indios se exigía"[5], y el 5 de diciembre ordenó a los jueces y justicia del distrito que las tierras de las comunidades fueran para goce exclusivo de los naturales en sus respectivos pueblos[6]. El 29 de enero de 1813 un bando de José María Morelos, en nombre de la Suprema Junta Nacional

[2] Rosenblat, *La población indígena de América*, p. 34.

[3] Mariátegui, "El problema del indio", en *Siete ensayos de interpretación de la realidad peruana*, p. 27.

[4] Mariátegui, "El problema del indio", en *Siete ensayos de interpretación de la realidad peruana*, p. 27.

[5] Tomado de Romero Flores, *Don Miguel Hidalgo y Costilla, padre de la independencia mexicana*, p. 161.

[6] Vázquez, "De la independencia a la consolidación republicana", en Vázquez, *Nueva historia mínima de México*, p. 256.

Gubernativa, suprime las calidades de indio, mulato o mestizo, nombrándoselos a todos americanos, elimina los tributos que los cargaban, y dispone que los naturales de los pueblos sean dueños de sus tierras y rentas a la vez que prohíbe la esclavitud y consagra la igualdad entre todos[7]. A su vez, el Plan de Iguala de 1821 que sirvió de base para la independencia mexicana y para la proclamación del imperio, declaraba que todos los habitantes de Nueva España, sin distinción alguna de europeos, africanos ni indios, son ciudadanos, con opción a todo empleo según su mérito y virtudes.

Consecuente con los mismos principios, José de San Martín, un mes después de jurar la independencia del Perú, el 27 de agosto de 1821 decretó: "En adelante no se denominará a los aborígenes indios o naturales, ellos son hijos y ciudadanos del Perú y con el nombre de peruanos deben ser conocidos", aboliendo, al mismo tiempo, el tributo indígena y, al día siguiente, el servicio personal[8]. Años más tarde, ya San Martín fuera del Perú, el tributo se restableció hasta 1854[9]. El mismo espíritu anima las decisiones de Simón Bolívar. El 8 de abril de 1824, en Trujillo, dispuso la venta de las tierras del Estado, pero excluyó las que estaban en manos de los indios, a los cuales declaró propietarios de ellas con el derecho a venderlas o enajenarlas[10].

Luego de su independencia en 1822, la Constitución Imperial de Brasil de 1824 establece: "Son ciudadanos brasileños los que hubiesen nacido en Brasil sean libres o libertos" (art. 6º)[11]. El texto indirectamente reconoce la ciudadanía a los indígenas ya que son nacidos en el Brasil, aunque nada dice de ellos. Tampoco menciona la esclavitud de lo que se

[7] Morelos, *Antología documental*, p. 109 y 110.

[8] Robles Mendoza, *Legislación peruana de tierras campesinas*, p. 35 a 37.

[9] Rubio Correa, *José de San Martín y su presencia en el Perú*, "Revista Digital Universitaria del Colegio Militar de la Nación", nº 49, mar. 2021, p. 4, en www.colegiomilitar.mil.ar/rediu/numero.php?numero=49.

[10] Rosenblat, *La población indígena de América*, p. 45.

[11] "São cidadãos brazileiros: I. Os que no Brazil tiverem nascido, quer sejam ingenuos, ou libertos".

infiere que es una constitución esclavista. De hecho, la esclavitud recién será abolida en 1888.

A pesar de las circunstancias anotadas y de su gran heterogeneidad étnica y cultural, los pueblos originarios llegaron a articular a través de décadas, un proyecto común que se vio reflejado básicamente en la actualización de los textos constitucionales de varios países de la región. Lo que comenzó como un conjunto de marchas locales de resistencia y de protesta se convirtió en un movimiento con capacidad de incidir en políticas de desarrollo y alcanzar mayor representatividad institucional indígena, a través de organizaciones nacionales y regionales. Se logró así el reconocimiento de sus derechos sobre la tierra y la obtención de una mayor autonomía colectiva. Las movilizaciones sociales en la década de 1990 fueron determinantes para la consolidación del indigenismo, especialmente en aquellos países donde la población originaria tiene mayor peso demográfico, como ocurre en Bolivia, Ecuador, Guatemala, Perú y México. En ellos se concentra el 90 % de la población indígena originario de Latinoamérica.

El reconocimiento de los pueblos indígenas como sujetos políticos colectivos adquirió un gran impulso con la ola indigenista que motivó la celebración de los quinientos años de resistencia a la colonización iniciada con la conquista de América[12]. Esto se vio reflejado a fines del siglo XX, cuando las constituciones latinoamericanas reconocieron la preexistencia étnica y cultural de los pueblos aborígenes y su derecho de propiedad sobre sus territorios ancestrales. Prácticamente todos los países de la región tienen una normativa avanzada en esos aspectos.

El movimiento indígena se desarrolló de manera diferenciada en Latinoamérica, tanto por las variadas proporciones de población indígena entre los distintos Estados como por el grado de heterogeneidad étnica dentro de ellas. Mientras que en Bolivia la población de pueblos originarios

[12] TOLA - SALAMANCA, *Diccionario del pensamiento alternativo*, p. 437.

asciende casi a la mitad de su población, en la Argentina no llega a un 2 %, lo cual determina el peso de las movilizaciones en cada realidad nacional.

El afianzamiento del reconocimiento de los derechos de los pueblos indígenas es un desafío para el desarrollo de la democracia latinoamericana. Cada uno de los países de esta región del mundo –que no es ciertamente la única en la que existen indígenas– deberá tener en consideración las características y volumen de su población originaria, pero siempre a partir de un replanteo de particularismos como su paradigma de ciudadanía, las fuentes del derecho positivo y los principios rectores de la productividad y distribución de la riqueza. De lo contrario, se estarían violando sus derechos humanos. "Las democracias contemporáneas están desafiadas a garantizar una convivencia efectiva –y no integracionista– del orden jurídico de los Estados nacionales y los derechos de los pueblos indígenas y sus valores económicos, políticos y culturales"[13].

Bolivia y Ecuador se destacan por ser los países andinos en los que la movilización ha tenido más fuerza en las últimas décadas y ha llevado al surgimiento de nuevas fuerzas políticas indigenistas, así como a la incorporación en sus constituciones de nociones de Estado plurinacional e intercultural.

El corolario del convenio 169 de la OIT, como ya lo señalamos en el capítulo anterior, derivó en la aprobación de la Declaración de las Naciones Unidas sobre los Derechos de los Pueblos Indígenas aprobada el 13 de septiembre de 2007, que genera al interior de todos los países del mundo, la obligación de satisfacer las legítimas demandas de sectores históricamente excluidos y, a la vez, para que avancen en el pleno ejercicio de sus derechos humanos. Por esa razón los Estados deberán extremar esfuerzos para vencer la discriminación y la marginación, asegurando el derecho de los pueblos indígenas a tener el control sobre sus vidas y sus

[13] TOLA - SALAMANCA, *Diccionario del pensamiento alternativo*, p. 436.

identidades culturales; recuperar sus tierras, territorios y recursos naturales, esenciales para sus formas de vida y su legítima aspiración de defender la convivencia armoniosa con la naturaleza, con las culturas, formas de vida y concepciones del mundo distintas.

Dos conceptos centrales merecen una especial consideración: territorio y autonomía. El derecho al territorio es, en buena medida, contrapuesto al concepto de derecho propiedad privada con sus características esenciales de uso y disponibilidad. "Para los indígenas el territorio es el espacio común del grupo humano al que pertenecen"[14]. Para ellos el territorio "está constituido por el espacio en el que han nacido sus antepasados y en el que se encuentran enterrados seres humanos que merecen veneración [...] El territorio, desde la visión indígena, es el espacio vital al que se encuentra necesariamente vinculado cada pueblo"[15]. Para MARIÁTEGUI, "la tierra ha sido siempre toda la alegría del indio. El indio ha desposado la tierra. Siente que la vida viene de la tierra y vuelve a la tierra. El indio puede ser indiferente a todo, menos a la posesión de la tierra que sus manos y su aliento labran y fecundan religiosamente"[16].

En relación con la autonomía, cabe decir que aquí el concepto está equiparado a autodeterminación. La Declaración de los Derechos de los Pueblos Indígenas, en su art. 3°, dice: "los pueblos indígenas tienen derecho a la libre determinación. En virtud de ese derecho determinan libremente su condición política". Y en el art. 4°: "en ejercicio de su derecho de libre determinación, tienen derecho a la

[14] CUEVAS GAYOSSO, "La Declaración Universal de Derechos de los Pueblos Indígenas. Una propuesta para su aplicación con base en el principio de la *bona fides* romana", en CUEVAS GAYOSSO (comp.), *Estudios en homenaje a Mercedes Gayosso y Navarrete*, p. 593.

[15] CUEVAS GAYOSSO, "La Declaración Universal de Derechos de los Pueblos Indígenas. Una propuesta para su aplicación con base en el principio de la *bona fides* romana", en CUEVAS GAYOSSO (comp.), *Estudios en homenaje a Mercedes Gayosso y Navarrete*, p. 593.

[16] MARIÁTEGUI, *Siete ensayos de interpretación de la realidad peruana*, p. 25.

autonomía o al autogobierno en las cuestiones relacionadas con sus asuntos internos y locales, así como a disponer de los medios para financiar sus funciones autónomas". Como dice CUEVAS GAYOSO: "Se trata quizá del elemento menos entendido y por tanto más temido en su inclusión en las leyes estatales por parte de los legisladores. La libre determinación se refiere a la posibilidad de que los pueblos indígenas tengan y practiquen un gobierno con características acordes a su cosmovisión"[17].

Concluimos este capítulo con una brevísima referencia a la situación de los pueblos indígenas latinoamericanos, dramáticamente revelador de su situación, sobre todo por el grado de exclusión social y pobreza.

Bolivia, histórico espacio de movilizaciones indígenas (cuya población llega al 41 %[18] de la población total –según otros es el 48 %–), después de dos décadas de luchas consiguió a partir de 2005 que la identidad cultural y étnica se convirtiera en uno de los elementos centrales de su vida política. A comienzos de los 2000 las demandas por el reconocimiento de las diferentes identidades indígenas tuvieron efectos en las instituciones políticas. Años después, se convocó una asamblea constituyente que sancionó en 2009 una nueva Constitución que destaca, desde su mismo inicio, un modelo de Estado que reconoce la interculturalidad, el indigenismo originario, la plurinacionalidad y los derechos de las naciones y pueblo indígenas. Al amparo de la nueva Constitución se han verificado objetivos progresos en los

[17] CUEVAS GAYOSSO, "La Declaración Universal de Derechos de los Pueblos Indígenas. Una propuesta para su aplicación con base en el principio de la *bona fides* romana", en CUEVAS GAYOSSO (comp.), *Estudios en homenaje a Mercedes Gayosso y Navarrete*, p. 599.

[18] Las estadísticas y otras referencias sobre los pueblos indígenas están tomadas básicamente de IWGIA (International Work Group for Indigenous Affaires). IWGIA fue fundada en 1968 por un grupo de antropólogos como reacción al genocidio de pueblos indígenas que se estaba llevando a cabo en el Amazonas. El objetivo era establecer una red de investigadores y activistas de derechos humanos para documentar la situación de los pueblos indígenas en todo el mundo y abogar por una mejora de sus derechos (www.iwgia.org).

procesos de autonomía que tomaron el carácter de verdaderos desafíos hacia el futuro. En 2017 asumió sus funciones el primer gobierno indígena autónomo de la provincia de Charagua con el nombre de Autonomía Guaraní Charagua Iyambae. Se encuentra en la provincia de Cordillera del departamento de Santa Cruz en la región del Chaco boliviano cercano a las fronteras con Paraguay y la Argentina. Es el municipio más grande de Bolivia y la mayor parte es rural y pobre. La nueva entidad política es independiente del Estado nacional, pero tiene coparticipación tributaria. Ya no existe intendente, ni concejo municipal, ni listas de partidos políticos. En un referéndum de noviembre de 2016, otras dos comunidades aprobaron su transformación en autonomías: Uru Chiapa, en el Estado de Oruro, y Raqaypampa, en el Estado de Cochabamba. Ambas están ahora en régimen de transición, lo que significa que, en breve, el país tendrá tres autonomías indígenas.

En Brasil hay 896.917 indígenas distribuidos en 305 grupos étnicos. Existen alrededor de 274 lenguas. Unos 502.783 individuos del total de la población indígena de Brasil viven en zonas rurales y 315.180 en zonas urbanas. El 13,8 % de la tierra del país ha sido reservada para los pueblos indígenas. La mayoría de estos territorios están concentrados en el Amazonas. Brasil es el país de Sudamérica con la mayor concentración conocida de pueblos indígenas en aislamiento; hay 107 registros respecto a la presencia de pueblos indígenas aislados en las selvas amazónicas. A partir de la elección presidencial de 2018 hubo un giro total en el tratamiento de los temas indígenas que ponen en peligro la vigencia de los derechos constitucionales de los pueblos indígenas de Brasil. La principal amenaza para estos pueblos es la inconstitucional revocación de los procesos de demarcación de las tierras indígenas promulgados por gobiernos anteriores, señalando que en cualquier momento se pueden revisar e incluso cancelar los informes, las ordenanzas declaratorias y las homologaciones de tierras indígenas publicadas por gobiernos anteriores. Se da rienda suelta así a la explotación económica de las tierras tradicionales de los pueblos indígenas y de los habitantes de las comunidades negras, justificando ese ataque contra los pueblos acusándolos de ser los grandes obstáculos para el desarrollo del país. En Mato Grosso do Sul, en un intento para evitar que los guaraní-kaiowá recobraran una pequeña parte de su territorio tradicional, un grupo de "latifundistas" actuando como milicianos intensificaron el efecto letal de las "evicciones" extrajudiciales. Los megaproyectos hidroeléctricos más recientes han sido objeto de incontables acciones ante la Corte debido al impacto ambiental que causan en las comunidades indígenas.

Chile es el único país latinoamericano que no reconoce a los pueblos indígenas en su Constitución. Se descuenta que con la reforma que se ha encarado y está en marcha, se pueda revertir sensiblemente esta situación. El 9 % de la población total del país es indígena, dentro de la cual, el 84 % corresponde al pueblo mapuche. Las leyes vigentes relacionadas a los pueblos indígenas no cumplen con los estándares internacionales relacionados en relación con la tierra, territorio, recursos naturales y participación y autonomía política. Casi el 31 % de la población indígena vive en condiciones de pobreza.

En Colombia, el 3,4 % de su población total es indígena. Como los afrodescendientes y muchísimos campesinos, los pueblos indígenas deben enfrentarse al desplazamiento forzado y al desalojo territorial como consecuencia del conflicto armado y la violencia que afecta a gran parte del país. La Constitución política de 1991 reconoció los derechos fundamentales de los pueblos indígenas y casi una tercera parte del territorio colombiano está categorizado como reserva indígena; sin embargo, es precisamente en esos territorios en los que, violando los derechos de los pueblos originarios, tienen lugar graves conflictos ambientales y el acaparamiento de tierras para el desarrollo de actividades extractivas.

En Costa Rica, la población indígena alcanza al 2 % de la población total y ocupan el 6,7 % del territorio. Los derechos territoriales indígenas son constantemente violados y más de la mitad del área se hallan ocupados por colonos no indígenas. En Costa Rica, los terrenos indígenas han obtenido por apropiación un título, sin el proceso previo de regularización, y el Estado no ha tomado acciones para rectificar esta situación. El derecho a la autodeterminación de los pueblos indígenas continúa siendo negado por el Estado y solo a partir de 2014 se promovió a través de la Universidad de Costa Rica un plan institucional para promover y garantizar la admisión de estudiantes de comunidades indígenas del país en esa casa de estudios.

Ecuador, con la nueva Constitución de 2008 dedicó un capítulo a los "pueblos indígenas y negros o afroecuatorianos", expresando, con relación a estos últimos que les serían aplicables los derechos reconocidos a los pueblos indígenas en "todo lo que fuese aplicable". El 8 % de su población total es indígena. Los pueblos indígenas no tienen garantías en cuanto a sus derechos civiles, políticos, culturales y territoriales. Tampoco hay políticas públicas específicas para prevenir su propia desaparición. Los indígenas ecuatorianos tienen una historia de luchas de resistencia y de compromiso político. Desde hace décadas dejaron de ser coloridas postales de tradición y pobreza para convertirse en influyentes actores en la vida pública de Ecuador. Quieren tener protagonismo político y no solo ser una referencia cultural sudamericana.

El Salvador informa que el porcentaje de la población indígena con relación al total es del 2 %, pero otras investigaciones afirman que esa cantidad es mucho mayor y la ubican entre el 12 y el 17 %. El art. 63 de la Constitución de El Salvador reconoce a los pueblos indígenas y establece que adoptará políticas a fin de mantener y desarrollar su identidad étnica y cultural, cosmovisión, valores y espiritualidad. Quedan pendientes, sin embargo, la solución de los problemas derivados de la disposición y uso de sus tierras, territorios, y recursos tanto como el ejercicio del derecho a la identidad y la vigencia de su propio sistema normativo. No hay una política focalizada para con estos pueblos. Se constata el desconocimiento en amplios sectores del gobierno sobre su situación real, y este hecho no es reciente.

Guatemala tiene 24 grupos étnicos. Según el censo oficial, el 45 % de su población es indígena. Según otros llegan al 60 %. A pesar de su reconocimiento constitucional, es notoria la desigualdad que sufren los pueblos indígenas en términos de empleo, ingresos, salud y educación. Hay verificados casos de racismo y discriminación.

Para sus pueblos indígenas y afro-descendientes, Honduras sigue siendo un país discriminatorio que prioriza un modelo económico extractivo por sobre los derechos de aquellos pueblos. Según el censo de 2001, y el censo realizado por la población misma en 2007, se estima que los nueve pueblos indígenas y afro-indígenas que viven en Honduras ascienden a 1,27 millones de habitantes, lo que representa más o menos el 20 % de la población total del país. Con el 92 % de homicidios en la impunidad, Honduras es uno de los países más peligrosos para defensores de la tierra y de los derechos humanos y derechos indígenas. Aun en el caso Berta Cáceres, que ha tenido más atención nacional e internacional, no se ha cumplido en hacer justicia por completo. No hay espacio para reconocer en este informe a todos los que han sido asesinados por su trabajo en defensa de los derechos.

El 15,1 % de la población total de México se reconoce indígena. Es así el país de América con mayor número con esa población. Además, con 68 lenguas y 364 variaciones dialectales es el país con más lenguas indígenas habladas. Uno de los retos principales a los que deben enfrentarse los pueblos originarios de México es su falta de su reconocimiento. En 2001, como resultado de la movilización indígena para que la legislación reflejara los acuerdos de San Andrés –resultado de las negociaciones entre el gobierno y el Ejército Zapatista de Liberación Nacional (EZLN) en 1996–, se concretó la reforma de los arts. I, II, IV, XVIII y CXV de la Constitución. Desde el punto de vista sanitario cabe señalar el elevado índice de mortalidad materna e infantil, de malnutrición aguda, baja esperanza de vida y severas limitaciones para el acceso a los servicios públicos. Viene al caso señalar que en México se registra la existencia de dos instituciones defensoras de los derechos de los pueblos indígenas con anterioridad a la creación de la Comisión Nacional de los Derechos Humanos. Se trata de la Procuraduría de la Defensa del Indígena del Estado de Oaxaca creada en 1986. Oaxaca es uno de los Estados que posee el mayor número de etnias indígenas cuyos integrantes, en su mayor parte viven en la pobreza y fuera de toda posibilidad de hacer valer sus derechos. El otro caso es el de la Procuraduría Social de la Montaña y Asuntos Indígenas del Estado de Guerrero de 1987. Por medio de este instituto, los municipios densamente poblados por indígenas tenían una instancia de protección de sus derechos[19] actualmente a cargo de la Comisión de Derechos Humanos. Ambas procuradurías fueron canceladas cuando se crearon las comisiones de derechos humanos en ambos Estados.

Una preocupación grave y constante para los pueblos indígenas de Nicaragua es el avance e impulso unilateral del gobierno en la construcción de la ruta del Gran Canal Interoceánico en tierras comunales, lo cual está afectando directamente los modos de vida de los pueblos indígenas. A esto se suma, a pesar de las prescripciones constitucionales, el incumplimiento por parte del gobierno de su obligación legal de respetar los títulos expedidos por el propio Estado a favor de las comunidades indígenas. En 2017, la Comisión Interamericana de Derechos Humanos (CIDH) ha reiterado su preocupación por los derechos de los defensores del territorio y los recursos naturales, así como por los pueblos indígenas y afrodescendientes involucrados que continúan expuestos al alto grado de violencia que existe en Nicaragua. La población indígena en este país, asciende al 9 % de la del total del país.

En Panamá, a pesar de haber adoptado la Declaración de las Naciones Unidas sobre los Derechos de los Pueblos In-

[19] Aguilar Cuevas, *El defensor ciudadano*, p. 127 a 130.

dígenas, la condición de estos pueblos, que alcanzan a ser el 12 % de la población, no ha sido debidamente considerada al punto de verse enfrentados a numerosos desafíos sobre todo relacionados a los derechos territoriales y a los desalojos forzados.

El 2 % de la población total del Paraguay se identifica a sí mismo como indígena. A pesar de que los pueblos indígenas forman parte de la gran diversidad y riqueza del país, son víctimas de una discriminación sistemática y estructural de parte del Estado y de parte de la sociedad no indígena. En este sentido, representan a la población más pobre, más excluida y más marginada del Paraguay. Esta situación se produce principalmente por la invasión, destrucción y expulsión de las tierras de sus ancestros en los que habitan y en los que están profundamente enraizadas su cosmovisión, supervivencia, religión y prácticas culturales. La concentración de la tierra, la degradación ambiental, combinada con el debilitamiento institucional, impiden el progreso y alivio de la pobreza y crean obstáculos para que los pueblos indígenas tengan acceso a los derechos fundamentales. En Paraguay, como en Brasil en mayor medida y también Perú y Bolivia, existen pueblos aislados que no han tenido ni tienen contacto con la sociedad moderna. Son nómadas y su hábitat no tiene una zona geográfica determinada y desconocen las fronteras geográficas.

En Perú, según el censo del año 2007, existen más de 4 millones de personas indígenas: 83,11 % quechuas, 10,92 % aimaras, 1,67 % asháninkas y 4,31 % pertenecientes a otros pueblos indígenas amazónicos. Existen 55 pueblos indígenas en la actualidad, que hablan 47 lenguas indígenas. Por otro lado, el 21 % del territorio nacional está cubierto por concesiones mineras, las cuales se superponen al 47,8 % del territorio de las comunidades campesinas. Asimismo, la Amazonia peruana está cubierta en un 75 % por concesiones de hidrocarburos. La superposición de derechos sobre los territorios comunales, la enorme presión de las industrias extractivas, la ausencia de ordenamiento territorial y la

10. Constenla.

falta de implementación eficaz de la consulta previa, agudizan los conflictos territoriales y socioambientales en Perú, país que ha suscripto y ratificado el convenio sobre pueblos indígenas 169 de la OIT y votó a favor de la declaración de la ONU sobre los Derechos de los Pueblos Indígenas en 2007.

Uruguay fue identificado tradicionalmente un "país sin indios"[20]. Sin embargo, eso es falso. Los indígenas y sus descendientes fueron invisibilizados culturalmente y padecieron acciones de exterminio por parte del Estado. Sufrieron una asimilación forzosa y se los borró de la historia y de los mitos fundacionales del país. Una investigación científica encabezada por MÓNICA SANS demostró que "la aparente homogeneidad y característica asumida de ser una población de descendientes de europeos, retrasó los estudios desde la genética de poblaciones, ya que hasta la década de 1970 los análisis de sistemas sanguíneos llevaban a comparar la población uruguaya con algunas europeas (España, Italia). Montevideo, capital del país y desde donde surge la visión hegemónica acerca del exterminio indígena, fue también el lugar de inicio de los estudios genéticos sobre la población"[21].

"Lo real es –como dice ANA AGOSTINO– que en los cinco países del cono sur, a lo largo de la historia, se hicieron numerosos esfuerzos para que nos percibiéramos, y nos percibieran, como blancos europeos. Y esta blanquitud ha sido mucho más que una identidad étnica, ha permeado todas las dimensiones de nuestras vidas: la educación y la cultura, la economía, los modos de producción, nuestra inserción internacional, nuestras aspiraciones y sueños. Este esfuerzo por mantenernos como sociedades 'homogéneas', siendo en esos discursos la homogeneidad un valor a preservar, estuvo anclado en la continuidad de la explotación y exclusión funda-

[20] ARÁUJO, *Historia de los charrúas y demás tribus indígenas del Uruguay*, p. 38.

[21] SANS - FIGUEIRO - BONILLA - BERTONI - CAPPETTA - ARTAGAVEYTIA - ACKERMANN - MUT - HIDALGO, *Ancestría genética y estratificación social en Montevideo, Uruguay*, "Revista Argentina de Antropología Biológica", nº 23, p. 2.

mentalmente de la población originaria y afrodescendiente, al mismo tiempo que se hacían intentos para negar su existencia"[22].

El 2,8 % de la población de Venezuela se identifica como indígena. La Constitución de la República Bolivariana de Venezuela de 1999 reconoció el carácter multiétnico, pluricultural y multilingüe de la sociedad venezolana y sancionó una serie de normas para desarrollar los derechos específicos de los pueblos indígenas. A pesar de ello, la demarcación los hábitats y tierras indígenas, las actividades mineras ilegales y la desagregación medioambiental, siguen pendientes, como la contaminación de las aguas y la alteración de los ecosistemas fluviales en general, problemas todos estos que no parecen tener solución al menos en el corto plazo.

[22] AGOSTINO, *Una mirada al cono sur. Luchas y desafíos actuales.*

XVI

CONCLUSIONES

El Principito preguntó: "Si un cordero come arbustos ¿come también las flores?" (capítulo VII). Tal como dice CARLOS FUENTES: "La violencia con que Europa implantó su poder en América, trátese de españoles, portugueses, ingleses o franceses, es apenas el índice estadístico de una muerte irreparable: la de grandes civilizaciones que [...] poseían un sistema educativo, un mundo moral y artístico, y formas de relación humana en continua evolución creadora"[1].

Queda así en evidencia que fuera de los cuestionamientos por las malas prácticas de administración del poder y el atropello de la legalidad de los conquistadores-colonizadores, la de América, como toda conquista violenta (incluso naturalmente las que sufrió España), no solo impuso un sistema basado en la explotación compulsiva de la mano de obra indígena para obtener beneficios materiales, sino que además estableció una pauta cultural y religiosa ajena y única, destruyendo los saberes, las tradiciones, la religiosidad y la legalidad originaria, lo que es de por sí, cruel, injusto e inhumano. Discutir hoy poniendo la mirada en aquella época, signada en el marco de un sistema social y político estratificado en clases, desigual y racista, cuya fuerza económica se basaba en el trabajo servil y esclavo, no puede llegar a mayores ni mejores

[1] FUENTES, *Tres discursos para dos aldeas*, p. 52.

resultados que los que tuvo, que aunque fueron pocos, no por ello se los debe considerar despreciables, porque a pesar de todo, como dice un historiador peruano, la presencia de funcionarios y leyes protectoras permitieron a los indígenas poner cierto freno al atropello de sus derechos y obtener justicia en los tribunales[2].

Es evidente que la Procuraduría de Indios tuvo una importancia mayor que la que habitualmente se le asigna, al punto que nos sumamos a quienes consideran que debe ser tenida en cuenta como un valioso antecedente de las defensorías del pueblo, por lo menos en Latinoamérica[3]. QUINZO FIGUEIREDO, desde sus primeros trabajos en favor del establecimiento de esta figura en Chile, estableció con absoluta convicción la validez de aquella institución indiana como antecedente en su país[4]. A la Procuraduría de Indios se le reconocieron significantes atribuciones como fue la de aplicar sanciones, impedir el traslado arbitrario de los naturales a lugares distantes de su residencia, ser parte obligatoria en la evaluación de bienes sobre cuya tasa debían tributar los indígenas, plantear la nulidad de contratos en los que no hubiesen tomado parte, informar a las autoridades reales de los atropellos y violación de sus derechos, facilitar la defensa legal de los indígenas y favorecer la litigiosidad y la denuncia contra la implacable explotación de la población nativa por parte de conquistadores y colonos. Pero esto más que menos fue letra muerta y más allá de las buenas intenciones que hayan animado a sus promotores, solo sirvió como testimonio de disconformidad de parte de los sectores más ilustrados, sensibles y pensantes de la península, por el trato que se les infería a los naturales. Como escribe JOSÉ CARLOS MARIÁTEGUI, refiriéndose al Perú, “las Leyes de Indias se inspi-

[2] SARAVIA SALAZAR, *La evolución de un cargo: la Protectoría de Indios en el Virreinato peruano*, “Revista Desde el Sur”, vol. 4, nº 1, p. 47 y 48.

[3] NOVOA, *Defensoría del Pueblo. Aproximaciones a una institución constitucional*.

[4] QUINZO FIGUEIREDO, *El ombudsman. El defensor del pueblo*, p. 141 y siguientes.

raron en propósitos de protección de los indios, reconociendo su organización típica en 'comunidades'. Pero, prácticamente los indios continuaron a merced de una feudalidad despiadada, que destruyó la sociedad, y la economía incaica, sin sustituirlas con un orden capaz de organizar progresivamente la producción"[5].

La aplicación de las Leyes de Indias debe haber sido no solo elusiva y mendaz sino también caprichosa. Pero también es verdad que aun en esas condiciones en alguna medida se aplicaron. En apoyo de esta idea apelamos al inca GARCILASO que relata un singular episodio en la vida de Lope de Aguirre, personaje al que aludimos anteriormente. "Saliendo de Potosí una gran banda de más de doscientos soldados para el reino de Tucma, que los españoles llamaban Tucumán, habiendo salido de la villa los más dellos con indios cargados, aunque las provisiones de los oidores lo prohibían, un alcalde mayor de la Justicia que gobernaba aquella villa, que se decía el licenciado Esquivel, que yo conocí, salía a ver los soldados como iban por sus cuadrillas, y habiéndoles dejado pasar todos los indios cargados, echó mano y prendió al último dellos que se decía fulano Aguirre, porque llevaba dos indios cargados, y pocos días después lo sentenció a doscientos azotes, porque no tenía ni oro ni plata para pagar la pena de la provisión a los que cargaban indios. El soldado Aguirre, habiéndosele notificado la sentencia, buscó padrinos para que no se ejecutase, más no aprovechó nada con el alcalde. Viendo esto Aguirre, le envió a suplicar que en lugar de los azotes le ahorcase que, aunque era hijodalgo no quería gozar de ese privilegio"[6], es decir, de no ser ahorcado sino decapitado. Fue inútil, le dieron los doscientos azotes y lo pasearon con un burro por la villa.

En una obra referida específicamente al desempeño de este cargo en la audiencia de Quito, pero cuyas conclusiones

[5] MARIÁTEGUI, "El problema del indio", en *Siete ensayos de interpretación de la realidad peruana*, p. 24.

[6] GARCILASO DE LA VEGA (El Inca), *Comentarios reales*, Libro VI, capítulo XVII, t. V, p. 75.

pueden tenerse en consideración para formar opinión, DIANA BONNET dice que "vale recordar que el 60 % de los casos representados por los protectores, fueron sentenciados a favor de los naturales. Estudios posteriores concluirán si los procesos de independencia y estabilización de las nuevas repúblicas, al eliminar la protección indígena quc se tenía en la colonia mediante el derecho a casos de Corte y la extinción del cargo de los protectores, no han sido las causas que elevaron el nivel de desarraigo que hoy viven las comunidades indígenas"[7].

De todos modos, la creación, el desarrollo y las polémicas que se generaron en torno a su figura, revelan que no hubo una única opinión; que la Protectoría de Indios atravesó por su base todo el sistema colonial y que, si la codicia y la ambición fueron la marca de la conquista, contra eso y por eso mismo se germinó una de las más importantes raíces de defensa de los derechos humanos. Tampoco se puede disimular que los pueblos indígenas poco o nada se beneficiaron de su cambio de estatus político y social como consecuencia de la independencia de los países latinoamericanos de la corona española. Es más, la supresión de algunos privilegios procesales, incluyendo la propia defensoría indígena, los perjudicó. Esto más allá de que al imponérsele una organización social, económica y política que no les era propia se los sometió doblemente en nombre de una libertad y de una igualdad que fue para ellos, solo nominal.

Es verdad que estas cuestiones no se pueden definir en torno a consideraciones políticas sino históricas, y en ese sentido, BARTOLOMÉ DE LAS CASAS, como tantos otros teólogos, juristas y hasta funcionarios inquietos por la defensa de los primitivos habitantes de América, habrán muerto en paz con sus conciencias, pero con una visión pesimista hacia el futuro. Sabían, aunque no lo decían, que la conquista, más allá de que se la quisiera legitimar por un propósito evange-

[7] BONNET, *El protector de naturales en la Audiencia de Quito (siglos XVII y XVIII)*, p. 138.

lizador, no podía tener otro resultado que el que tuvo. Tal como afirma MANUEL GONZÁLEZ PRADA: "oficialmente se ordenaba la explotación del vencido y se pedía humanidad y justicia a los ejecutores de la explotación; se pretendía que humanamente se cometiera iniquidades o equitativamente se consumara injusticias. Para extirpar los abusos, habría sido necesario abolir los repartimientos y las mitas, en dos palabras, cambiar todo el régimen colonial"[8].

La defensoría indígena no pudo pasar el nivel de un paliativo, como lo demuestran las vacilaciones y cambios en su contradictoria existencia, pero fue un intento que debe ser ponderado porque, a partir de sus orígenes, experiencias y proyecciones contribuyó en alguna medida a formar una cultura de respeto por la dignidad de las personas.

Como quedó dicho, esta singular institución hispánica, que nació por la verificación de una despiadada realidad, fue en cierto modo producto de la llamada Escuela de Salamanca que en el siglo XVI en el albor de la Edad Moderna, se anticipó en la formulación de las bases de una doctrina laica del derecho natural y del derecho de gentes.

Las referencias en los tres últimos capítulos de este libro a la vida de los pueblos indígenas en Latinoamérica y en particular en la Argentina, después de la extinción de las defensorías de indios, revelan que en estos dos siglos la situación con relación a ellos no varió sustancialmente. Si con el antiguo régimen los pueblos indígenas fueron víctimas de un inclemente sistema estamental de sometimiento y abusos, el modelo institucional que lo reemplazó, en nombre de la libertad y la igualdad, a pesar de sus augurios, los abandonó a su suerte y en el momento en que los percibió como un obstáculo para el desarrollo demográfico y la expansión económica, los trató de asimilar o integrar a una vida que no era la de ellos, o lisa y llanamente los exterminó.

8 GONZÁLEZ PRADA, "Nuestros indios", en GONZÁLEZ PRADA, *Páginas libres (1894) - Horas de lucha (1924)*, p. 337.

Debe quedar en claro que la cultura de los pueblos indígenas no es una piedra atada al pasado. El salesiano JOSÉ ZANARDINI, eximio antropólogo social italiano radicado en el Paraguay, nos hizo ver en un seminario realizado hace algunos años en Asunción que, aunque un indígena no hable su idioma, no conozca sus ritos y maneje una computadora o sea médico, pero esté en una comunidad indígena y se identifique como tal, es un indígena. Los indígenas de hoy no son los indígenas de ayer, ni los indígenas de mañana serán los indígenas de hoy, pero seguirán siendo indígenas, porque ellos lo dicen y reconocen de ese modo. La cultura es un concepto fluido y la identidad es también algo fluido que se va definiendo, redefiniendo, construyendo y reconstruyendo; así como la cultura es un proceso dinámico, que no tiene nada que ver con la inmovilización[9].

Para llegar a estas convicciones hubo que recorrer un largo camino, desgraciadamente doloroso, cruel, inhumano. Cuando Colón llegó a América por primera vez en 1492, dejó constancia en su diario de viaje, que había en estas tierras "hombres de un solo ojo y otros con hocico de perros que comían los hombres y que tomando uno, lo degollaban y le bebían su sangre y le cortaban los genitales"[10]. Esta fue la traza del primer estereotipo indígena. Se ha visto a lo largo de estas páginas que, desde aquellos cinocéfalos monoculares hasta el "antropomorfo" actual, hubo avances importantes o, mejor dicho se superaron algunas ideas aberrantes

[9] ZANARDINI, "Aspectos esenciales de los pueblos indígenas", en *Derechos humanos de los pueblos indígenas*, p. 46 y 47.

[10] *"Qu'il y avait aussi des hommes avec un seul oeil, et d'autres avec un museau de chien; qu'ils mangeaient les hommes, et qu'aussitôt qu'ils en prenaient un, ils lui tranchaient la tête, buvaient son sang, et luicoupaient les parties genitales* (COLOMB, *Relation des quatre voyages de 1492 a 1504*, t. II, p. 101). Es sabido que la versión que conocemos del diario de Colón no es la original, que se supone Colón entregó a los Reyes Católicos en Barcelona, sino una transcripción hecha por el padre DE LAS CASAS de dicho documento o de una copia del mismo. De allí que el texto esté escrito en tercera persona (sobre esta cuestión, ver SOLER ARECHALDE, *El diario de Colón. Aspectos comunicativos y lingüísticos del primer contacto entre europeos y americanos*, "Revista Estudios de Cultura Náuatl", nº 23, p. 143 y siguientes).

y se derogaron muchas prácticas odiosas, pero aunque tenemos la convicción que ningún tema se puede sacar de la agenda de los derechos humanos, este, el de los pueblos indígenas, exige reparación desde hace siglos y hoy de forma apremiante.

Los hombres de la emancipación hispanoamericana –continuando lo que la Constitución de Cádiz de 1812 no pudo llegar a concretar– procuraron generar una relación de mutuo entendimiento y hermandad con las masas indígenas, como hemos comentado en capítulos anteriores. El pensamiento político al que daban luz los grandes principios consagrados por la Revolución Francesa, abonado seguramente por el tópico literario del "buen salvaje", que partiendo del pensamiento de MONTAIGNE a quien el "indio" apasiona como víctima del hombre blanco europeo tanto más cruel cuanto más civilizado[11], que se eleva con ROUSSEAU –tan influyente en las bases de la revolución emancipadora sudamericana– a la condición prístina del contrato social[12], animaron aquellas tendencias fraternales. Más allá de indisimulables prejuicios raciales, nunca se establecieron sobre bases de cooperación y de acuerdos enfocados al respeto a otras personas de distinta cultura, costumbres y creencias, en una palabra, enfocadas a respetar genuinamente a las poblaciones originarias de estas tierras.

La demora del tratamiento de los derechos de los pueblos indígenas en la escala internacional, refleja un marcado desinterés por el tema. Nunca se llegó a más que proponerles una adhesión incondicional: "o lo tomas, o lo dejas". Esta era que vivimos, de avances de los derechos, sumado al retorno de la legitimidad democrática en los países latinoamericanos, inició el camino a un replanteo constitucional y legislativo que se hizo eco de algunos instrumentos internacionales como el convenio 169 de la OIT y sobre todo de la Declaración de las Naciones Unidas sobre los Derechos de

[11] SÁENZ HAYES, *Miguel de Montaigne*, p. 447.

[12] ROUSSEAU, *Discours sur l'origine et les fondements de l'inégalité parmi les hommes, passim.*

los Pueblos Indígenas de 2007. De este modo se abrió algo así como un "crédito" material y moral en favor de estos pueblos que al parecer cuesta cumplir. El brevísimo relevamiento que hicimos, con todo lo que tiene de circunstancial y coyuntural verifica que en la práctica los avances son pocos y las deudas aumentan. Considerando en particular los principios del convenio 169 se puede observar: casi nada de "autonomía" y muy poco "territorio" en favor de los pueblos indígenas y, a la vez, nuevos y grandes desafíos como el de la preservación ambiental, el acceso a la salud, a la educación a los servicios y a la vivienda. Sin guardar las proporciones de tiempo y lugar, esta falta de correspondencia del ser con el deber ser, nos acerca a las decepcionantes conclusiones de la realidad colonial indoamericana con las Leyes de Indias.

En la actualidad contamos en la Argentina y en el resto de Latinoamérica, con la excepción de Chile y en cierto modo del Brasil, con las defensorías del pueblo. Según los países, en diferentes escalas institucionales, con la misión de proteger y defender los derechos humanos, en este caso de los pueblos indígenas que, por su gravedad específica, debe encararse con perspectiva de género y perspectiva ambiental. Venimos sosteniendo que las defensorías del pueblo son básicamente instituciones concebidas como instituciones de garantías para defender derechos, y que en ese sentido no deben ser confundidas con el *ombudsman* parlamentario de origen escandinavo más pensado en el control de la administración.

Es un inaceptable anacronismo comparar a nuestras defensorías con sus homónimas del derecho indiano, pero sería muy bueno que, al margen de sus contenidos ideológicos, jurídicos, políticos o religiosos, los actuales defensores y defensoras del pueblo remedaran en espíritu y actitud a aquellos defensores de indios, entre los cuales el primero fue BARTOLOMÉ DE LAS CASAS.

Hoy los objetivos son por supuesto otros; defender a los pueblos indígenas y su posibilidad de vivir dignamente de acuerdo a su cultura y a sus valores, vale decir, en el pleno ejercicio de sus derechos; recuperar sus tierras, territorios y recursos naturales, esenciales para sus formas de vida y estar de su lado para vencer la discriminación y la marginación.

BIBLIOGRAFÍA

AA.VV., *Estudios y homenajes hispanoamericanos*, Madrid, Ediciones Clásicas, 2017.

— *Nueva historia mínima de México ilustrada*, México, El Colegio de México, 2008.

ACEDO RICO, JOSÉ, *Instituciones prácticas de los juicios civiles*, Madrid, Oficina de don Benito Cano, 1794.

AGOSTINO, ANA, *Una mirada al cono sur. Luchas y desafíos actuales*, seminario virtual "Jubileo Sur Américas", 5 de abril de 2020, inédito.

AGUILAR CUEVAS, MAGDALENA, *El defensor ciudadano*, México, Universidad Nacional Autónoma de México, 1991.

ALBERDI, JUAN B., *Bases y puntos de partida para la organización política de la República Argentina*, Buenos Aires, Orientación Cultural Editores, 1960.

ALFONSO EL SABIO, *Las Siete Partidas (El libro del Fuero de las Leyes)*, partida III, título 23, ley 20, versión dirigida por JOSÉ SÁNCHEZ-ARCILLA, Madrid, Reus, 2003.

ALONSO MORÁN, SABINO, *El derecho de patronato*, "Revista Española de Derecho Canónico", vol. 15, nº 45, Salamanca, Facultad de Derecho Canónico, Universidad Pontificia de Salamanca, 1960.

ALTAMIRA, RAFAEL, *Los elementos de la civilización y del carácter españoles*, Buenos Aires, Losada, 1956.

ÁLVAREZ DE VELASCO, GABRIEL, *Privilegiis Pauperum et Miserbilium Personarum (1630-1636)*, Pars II, proemium 4, Remes, Horatii Boissat & Giorgii Lyon, 1663.

ÁLVAREZ IGLESIAS, RUBÉN, *Entre asimilación y exterminio: los indios de Brasil desde el Diretório hasta la abolición de la esclavitud indígena*, "Cuadernos del Tomás", nº 4, Universidad de Salamanca, 2012.

AMOROSA, PAOLO, *Rewriting the history of the law of nations. How James Brown Scott made Francisco de Vitoria the founder of international law*, Oxford, Oxford University Press, 2019.

ANGLERÍA, PEDRO MÁRTIR, *Décadas del Nuevo Mundo*, Buenos Aires, Bajel Editor, 1944.

ARÁUJO, ORESTES, *Historia de los charrúas y demás tribus indígenas del Uruguay*, Montevideo, José María Serrano Editor, 1911.

ARCINIEGAS, GERMÁN, *América en Europa*, Buenos Aires, Sudamericana, 1975.

— *América, tierra firme*, Caracas, Ayacucho, 1990.

ARINOS DE MELO FRANCO, AFONSO, *Viagens de índios brasileiros à Europa en O indio brasileiro e a Revolução Francesa*, Río de Janeiro, José Olympio Editora, 1976.

AROCENA, RODRIGO - SUTZ, JUDITH, *La Universidad latinoamericana del futuro*, México, Udual (Unión de Universidades de América Latina), 2000.

AZEVEDO FILHO, LEODEGARIO A., "A argumentação de Vieira em defesa dos índios", en CATALANO, PIERÁNGELO (a cura di), *Quinto impero. Attualità del pensiero di Antonio Vieira S. J.*, Roma - Sassari, Associazione di Studi Sociali Latino-Americani, 2000.

BÁDENAS ZAMORA, ANTONIO, *Los litigantes miserables ante la justicia de Fernando VII*, Madrid, Dykinson, 2018.

BAGÚ, SERGIO, *Mariano Moreno*, Buenos Aires, Eudeba, 1966.

BARIÉ, CLETUS GREGOR, *Pueblos indígenas y derechos constitucionales en América Latina: un panorama*, México, Comisión Nacional para el Desarrollo de los Pueblos Indígenas, 2003.

BAUDIN, LOUIS, *El imperio socialista de los incas*, trad. J. A. ARZE, Santiago de Chile, Zig Zag, 1955.

BAYLE, CONSTANTINO, *El Protector de Indios*, Sevilla, Escuela de Estudios Hispanoamericanos de la Universidad de Sevilla, 1945.

BELDA PLANS, JUAN, *Hacia una noción crítica de la "Escuela de Salamanca"*, "Scripta Theologica", nº 31, 1999-2000, Pamplona, Universidad de Navarra p. 372.

BELLINI, GIUSEPPE, *Motolinía y Las Casas frente al hombre de América*, "Thesaurus. Boletín del Instituto Caro y Cuervo", t. XLV, Bogotá, 1995, p. 554 a 571.

BELTRÁN CRISTANCHO, MAURICIO, *Políticas británicas en las primeras colonias americanas. Crítica a la visión mítica sobre su establecimiento y efectos sobre la construcción de la tradición legal estadounidense*, Bogotá, Estudios Socio Jurídicos, Universidad del Rosario, vol. 5, nº 2, p. 217.

BELTRÁN DE HEREDIA, VICENTE, "Final de la discusión acerca de la patria del maestro Vitoria: la prueba documental que faltaba", en BELTRÁN DE HEREDIA, VICENTE, *Miscelánea Beltrán de Heredia*, Salamanca, Biblioteca de Teólogos Españoles, 1972.

— *Miscelánea Beltrán de Heredia*, Salamanca, Biblioteca de Teólogos Españoles, 1972.

Bertomeu, María J., *Filosofía, lengua castellana y modernidades*, "Arbor", Madrid, Consejo Superior de Investigaciones Científicas, 2008, CLXXXIV, vol. 184, nº 734, p. 1052.

Biagini, Hugo E. - Roig, Arturo A. (dirs.), *Diccionario del pensamiento alternativo*, Buenos Aires, Biblos, 2008.

Bidart Campos, Germán, *Tratado elemental de derecho constitucional argentino*, Buenos Aires, Ediar, 1986.

Boggino, Noelia (coord.), *El derecho romano y los derechos indígenas: síntesis de América Latina*, 18-20 de agosto de 1994, Xalapa, Veracruz, 1996, p. 31.

Bonfil Batalla, Guillermo, "El indio y la situación colonial. Contexto de la política indigenista en América Latina", en Grümberg, Georg (coord.), *La situación del indígena en América del Sur*, Universidad Politécnica Salesiana, Cuenca (Ecuador), 2019.

Bonnet, Diana, *El protector de naturales en la Audiencia de Quito (siglos XVII y XVIII)*, Quito, Flacso, 1992.

Borges, Jorge L., *El lenguaje de Buenos Aires*, Buenos Aires, Emecé Editores, 1971.

Bravo Lira, Bernardino, *El derecho indiano y sus raíces europeas: derecho común y propio de Castilla*, "Anuario de Historia del Derecho Español", nº 58, Madrid, Ministerio de Justicia. Centro de Publicaciones, 1988.

Brufau Prats, Jaime, *La conquista del Nuevo Mundo a la luz de la doctrina de la escuela salmantina sobre la guerra justa*, "Anuario de Filosofía del Derecho", Madrid, Sociedad Española de Filosofía Jurídica y Política, t. VIII, 1991, p. 31.

Burchardt, Hans J., *¿Por qué América Latina es tan desigual? Tentativa de explicación desde una perspectiva inusual*, "Nueva Sociedad", Buenos Aires, may.-jun. 2012, nº 239, p. 137 a 150.

Camplani, Clara, *La defensa de los negros en Bartolomé de Las Casas*, Perpignan, Press Universitaires de Perpignan, 2001.

Caputo, Renato, *Gramsci e le critiche in senso reazionario e revoluzionario ai diritti umanni*, "La Città Futura", Roma, 8/12/2019.

Carbonell, Miguel - Cruz Barney, Oscar (coords.), *Historia y Constitución. Homenaje a José Luis Soberanes Fernández*, México, Instituto de Investigaciones Jurídicas, Universidad Nacional Autónoma de México, 2015.

Cárcano, Ramón J., *Diario de Sesiones Cámara de Diputados*, Buenos Aires, 17 de septiembre 1884.

Carneiro da Cunha, Manuela, *História dos Índios no Brasil*, São Paulo, Companhia das Letras, 1992.

11. Constenla.

CARRASCO, PEDRO, "Cultura y sociedad en el México antiguo", en COSSIO VILLEGAS, DANIEL (coord.), *Historia general de México*, México, El Colegio de México, 2002.

CASTAÑEDA, PAULINO, "Teoría de la misión", en RISPA, RAÚL - ALONSO DE LOS RÍOS, CÉSAR - AGUAZA, MARÍA J. (eds.), *Siglo XV*, Sevilla, Sociedad Estatal para la Exposición Universal Sevilla 92, 1992.

CASTRO, AMÉRICO, *Sobre el nombre y el quien de los españoles*, Madrid, Sarpe, 1985.

CATALANO, PIERÁNGELO (a cura di), *Quinto impero. Attualità del pensiero di Antonio Vieira S. J.*, Roma - Sassari, Associazione di Studi Sociali Latino-Americani, 2000.

CATTÁN ATALA, ÁNGELA, *El derecho romano y la libertad de los indios en el Nuevo Mundo*, "Revista Chilena de Historia del Derecho", Santiago, Facultad de Ciencias Jurídicas y Sociales, Universidad de Chile, nº 17, 1991, p. 23.

CHAUNU, PIERRE, *Historia de América Latina*, trad. F. MONJARDÍN, Buenos Aires, Eudeba, 1970.

Cláusula del testamento de la muy católica Reyna doña Isabel de gloriosa memoria, tomado de las Provisiones y cédulas recopiladas por el doctor VASCO DE PUGA, México, Casa de Pedro Ocharte, 1563.

CLAVERO, BARTOLOMÉ, *Cádiz entre indígenas*, "Anuario de Historia del Derecho Español", Sevilla, Universidad de Sevilla, nº 65, 1995, p. 944.

Codigo Philippino ou Ornações e Leis de Reino de Portugal, recopiladas por mandado d'el rey D. Philippe I, por CÁNDIDO MÉNDEZ DE ALMEIDA, 14ª ed., Rio de Janeiro, Typographia do Instituto Philomathico, 1870.

Colección de los decretos y órdenes que han expedido las Cortes Generales y Extraordinarias desde su instalación, Cádiz, Imprenta Real, 1811.

COLOMB, CHRISTOPHE, *Relation des quatre voyages de 1492 a 1504*, Paris, Treuttel et Würtz, 1828.

COMETTA MANZONI, AÍDA, *El indio en la poesía de América española*, Buenos Aires, Joaquín Torres, 1939.

CONSTENLA, CARLOS R., *Identidad latinoamericana. La universidad y el rol de los abogados en Roma e América. Diritto Romano Comune*, "Rivista di Diritto Dell'Integrazione e unificazione del Diritto in Eurasia e in America Latina", Modena, Mucchi Editore, nº 35, 2014, p. 372.

— *Teoría y práctica del defensor del pueblo*, Madrid, Reus; Bogotá, Themis; Buenos Aires, Zavalía, México, Ubijus, 2010.

CORTÉS LÓPEZ, JOSÉ L., *Esclavo y colono*, Salamanca, Universidad de Salamanca, 2004.

CUENA BOY, FRANCISCO, *El defensor civitatis y el protector de indios. Breve ilustración en paralelo*, "Ius Fugit. Revista Interdisciplinar de Estudios Histórico Jurídicos", Zaragoza, Universidad de Zaragoza, vol. 7, p. 186.

— *Utilización pragmática del derecho romano en dos memoriales indianos del siglo XVII sobre el Protector de Indios*, "Revista de Estudios Históricos Jurídicos", Valparaíso, Pontificia Universidad Católica de Valparaíso, t. XX, 1998, p. 125 y 126.

Cuevas Gayosso, José L., "La Declaración Universal de Derechos de los Pueblos Indígenas. Una propuesta para su aplicación con base en el principio de la *bona fides* romana", en Cuevas Gayosso, José L. (comp.), *Estudios en homenaje a Mercedes Gayosso y Navarrete*, Xalapa, Universidad Veracruzana, 2009.

Cuevas Gayosso, José L. (comp.), *Estudios en homenaje a Mercedes Gayosso y Navarrete*, Xalapa, Universidad Veracruzana, 2009.

Cunill, Caroline, *Fray Bartolomé de Las Casas y el oficio de defensor de indios en América y en la Corte española*, "Revista Nuevo Mundo-Mundos Nuevos", Institut des Sciences Humaines et Sociales du Centre National de la Recherche Scientifique, Paris, nº 12, 2012, § 22.

De Gandía, Enrique, *España en la conquista del mundo*, Buenos Aires, Claridad, 1946.

De las Casas, Bartolomé, *Historia de las Indias (1527-1561)*, Caracas, Editorial Ayacucho, 1984.

— "Petición a su Santidad Pío V", en Pérez Tudela Hueso, Juan (ed.), *V Opúsculos, cartas y memoriales. Obras escogidas. Biblioteca de Autores españoles*, Madrid, 1958.

De Serra y Canals, Francisco, *El celo del español y el indiano instruido*, Centro de Estudios Interdisciplinarios de Hispanoamérica Colonial. Facultad de Filosofía y Letras de la Universidad de Buenos Aires, Buenos Aires, Platero, 1979.

De Solano, Francisco (coord.), *Proceso histórico al conquistador*, Madrid, Alianza, 1988.

De Vitoria, Francisco, "De la potestad civil", en *Relecciones teológicas*, trad. J. Torrubiano Ripoll, Madrid, Librería Religiosa Hernández, viuda de M. Echeverría, 1917.

— *Relecciones del Estado, de los indios y el derecho de guerra*, México, Porrúa, 2007.

— *Relecciones teológicas*, trad. J. Torrubiano Ripoll, Madrid, Librería Religiosa Hernández, viuda de M. Echeverría, 1917.

"Decreto de la Junta Gubernativa de las Provincias Unidas del Río de la Plata nº 240", *Registro Oficial de la República Argentina*, t. I (1810-1821), La República, Buenos Aires, Imprenta Especial de Obras, 1879.

Dirección de Información Parlamentaria, *Tratamiento de la cuestión indígena*, Buenos Aires, Cámara de Diputados de la Nación, 1991.

DURAND, JOSÉ, *La transformación social del conquistador*, Lima, Nuevos Rumbos, 1958.

DUSSEL, ENRIQUE, *El episcopado latinoamericano y la liberación de los pobres (1504-1620)*, México, Clacso (Consejo Latinoamericano de Ciencias Sociales), 1979.

DUVE, THOMAS, *Algunas observaciones acerca del modus operandi y la prudencia del juez en el derecho canónico indiano*, "Revista de Historia del Derecho", nº 35, Instituto de Investigaciones de Historia del Derecho, 2007, p. 195 a 226.

ERASMO DE ROTTERDAM, *Elogio de la locura*, capítulo XVII, trad. A. RODRÍGUEZ BACHILLER, Buenos Aires, Hyspamérica, 1984.

FALCÓN, FRANCISCO, "Representación hecha en concilio provincial sobre los daños y molestias que se hacen a los indios", en *Colección de libros y documentos referentes a la historia del Perú*, Lima, Imprenta y Librería Sanmartí, 1918.

FARIA, JOSÉ E., "O legado de Vieira", en CATALANO (a cura di), *Quinto impero. Attualità del pensiero di Antonio Vieira S. J.*, Roma-Sassari, Associazione di Studi Sociali Latino-Americani, 2000.

FEIJÓO, BENITO G., "Glorias de España", en *Teatro crítico universal*, discurso 13, § XXIII, nº 86, Madrid, Imprenta Real de la Gazeta. A costa de la Real Compañía de Impresores y Libreros, 1773.

— *Teatro crítico universal*, discurso 13, § XXIII, nº 86, Madrid, Imprenta Real de la Gazeta. A costa de la Real Compañía de Impresores y Libreros, 1773.

FERNÁNDEZ DE NAVARRETE, MARTÍN (coord.), *Colección de los viajes y descubrimientos que hicieron por mar los españoles desde fines del siglo XV*, Madrid, Imprenta Nacional, 1858.

FERREIRA, OLAVO L., *História do Brasil*, São Paulo, Ática, 1978.

FIGUEROA ROMÁN, MIGUEL, *Antecedentes de una sociología industrial de las Américas*, "Estudios de Sociología", nº 1, Buenos Aires, Bibliográfica Omeba, 1961.

FIX ZAMUDIO, HÉCTOR, *Jurisdicción constitucional y protección de los derechos fundamentales en América latina*, "Anuario de Derecho Constitucional Latinoamericano", Medellín, Biblioteca Jurídica Diké, 1995.

FREYRE, GILBERTO, *Casa-Grande & Senzala*, 28ª ed., Río de Janeiro, Editora Record, 1992.

FRIEDE, JUAN, *Las Casas y el movimiento indigenista*, "Revista de Historia Americana", nº 34, México, Instituto Panamericano de Geografía e Historia, 1952, p. 342.

FUENTES, CARLOS, *Tres discursos para dos aldeas*, Buenos Aires, Fondo de Cultura Económica Argentina, 1993.

FUENZALIDA, FERNANDO, "Poder, raza y etnia en el Perú contemporáneo", en FUENZALIDA, FERNANDO - MAYER, ENRIQUE - ESCOBAR, GABRIEL - BOURRICAUD, FRANCOIS - MATOS MAR, JOSÉ, *El indio y el poder en el Perú*, Lima, Francisco Moncloa Editores, 1970.

FUENZALIDA, FERNANDO - MAYER, ENRIQUE - ESCOBAR, GABRIEL - BOURRICAUD, FRANCOIS - MATOS MAR, JOSÉ, *El indio y el poder en el Perú*, Lima, Francisco Moncloa Editores, 1970.

Gaceta de Buenos Aires (1810-1821), reimpresión facsimilar dirigida por la Junta de Historia y Numismática Americana, t. II, 1811, Buenos Aires, Compañía Sud-Americana de Billetes de Banco, 1910.

GALEANO, EDUARDO, *Las venas abiertas de América Latina*, Montevideo, Ediciones del Chanchito, 1999.

GARCÍA, JUAN A., *La ciudad indiana*, Buenos Aires, Eudeba, 1964.

GARCÍA MARTÍNEZ, BERNARDO, "La época colonial hasta 1760", en AA.VV., *Nueva historia mínima de México ilustrada*, México, El Colegio de México, 2008.

GARCILASO DE LA VEGA (El Inca), *Comentarios reales*, Libro segundo, Capítulo XIV, Madrid, Imprenta de los hijos de doña Catalina Piñuela, 1829.

GOMIDES FREYTAS, LUDMILA, *O conceito de bárbaro e seus usos nos diferentes projetos coloniais portugueses para nos indios*, "Saeculum. Revista de Historia", Universidad Federal de Paraíba, Joao Pessoa, 2011, nº 24, p. 131.

GONZÁLEZ PRADA, MANUEL, "Nuestros indios", en GONZÁLEZ PRADA, MANUEL, *Páginas libres (1894)-Horas de lucha (1924)*, Caracas, Biblioteca Ayacucho, 1976.

— *Páginas libres (1894)-Horas de lucha (1924)*, Caracas, Biblioteca Ayacucho, 1976.

GRAMSCI, ANTONIO, *Cuadernos de la cárcel*, Primer cuaderno XVI 1929-1930, edición a cargo de V. GERRATANA, trad. A. M. PALOS, México, Ediciones Era, 1981.

GREGOIRE, HENRI, *Apologie de Barthelemy de Las Casas, èvêque de Chiappa*, Paris, Baudouin Imprimeur de l'Institute National, 1800.

GRÜMBERG, GEORG (coord.), *La situación del indígena en América del Sur*, Universidad Politécnica Salesiana, Cuenca (Ecuador), 2019.

GUAMÁN POMA DE AYALA, FELIPE, *Nueva crónica y buen gobierno*, Caracas, Biblioteca Ayacucho, 1980.

GUZMÁN BRITO, ALEJANDRO, *Andrés Bello, codificador*, Santiago, Universidad de Chile, 1982.

HENRÍQUEZ UREÑA, PEDRO, *Historia de la cultura en América hispánica (1947)*, México, Fondo de Cultura Económica, 1961.

HIDALGO NUCHERA, PATRICIO, *Origen y desactivación de la Protectoría de Indios en la Presidencia-Gobernación de Filipinas*, "Revista Española del Pacífico", Madrid, Asociación Española de Estudios del Pacífico, nº 8, 1998, p. 233.

HINOJOSA, EDUARDO, *Los precursores españoles de Grocio*, "Anuario de Historia del Derecho Español", nº 6, Madrid, 1929, p. 222 y 223.

Historia general de México, México, El Colegio de México, 2002.

Historia integral argentina, Buenos Aires, Centro Editor de América Latina, 1970.

História dos Índios no Brasil, São Paulo, Companhia das Letras, 1992.

JUSTO, LIBORIO, "Los imperios del desierto", en *Historia integral argentina*, Buenos Aires, Centro Editor de América Latina, 1970.

KATSOULIS, EFTHYMIOS, "Francisco de Vitoria: Desde los derechos humanos hasta la soberanía de España del siglo XVI", en AA.VV., *Estudios y homenajes hispanoamericanos*, Madrid, Ediciones Clásicas, 2017.

KREBS, EDGARDO, *El peso de ser indígena*, "La Nación", 9/8/1998.

LANUZA, JOSÉ L., "El sol del escudo y el sol de los incas", en LANUZA, JOSÉ L., *Un inglés en San Lorenzo y otros relatos*, Buenos Aires, Eudeba, 1964.

— *Un inglés en San Lorenzo y otros relatos*, Buenos Aires, Eudeba, 1964.

LARRIQUETA, DANIEL, *La Argentina renegada*, Buenos Aires, Debolsillo, 2004.

Las leyes que la Constitución manda sancionar, Buenos Aires, Federación Argentina de Colegios de Abogados, 1995.

LAZO GONZÁLEZ, PATRICIO, *Solórzano Pereira, la argumentación al modo del ius comune como práctica jurídico-cultural y política*, "The Legal History Review", Leiden, Koninklijke Brill, 2020, p. 1 a 30.

LEVAGGI, ABELARDO, *La protección de los naturales por el Estado argentino (1810-1950). El problema de la capacidad*, "Revista de Historia del Derecho Chilena", nº 16, Universidad de Chile, 1990, p. 452.

LEVENE, RICARDO, *Las Indias no eran colonias*, Madrid, Espasa Calpe, 1973.

— *Lecciones de historia argentina*, Buenos Aires, Lajouane, 1930.

LEVILLIER, ROBERTO, *Los gobernantes del Perú, cartas y papeles, siglo XVI*, documentos del archivo de Indias, Madrid, imprenta de Juan Pueyo, 1924.

LEWIN, BOLESLAO, *La inquisición en Hispano América*, Buenos Aires, Paidós, 1967.

LIRA, ANDRÉS - MURO, LUIS, "El siglo de la integración", en *Historia general de México*, México, El Colegio de México, 2002.

LIRA GONZÁLEZ, ANDRÉS, *El amparo colonial y el juicio de amparo mexicano*, México, Fondo de Cultura Económica, 1971.

LÓPEZ, CASTO F., *Lope de Aguirre. El peregrino*, Barcelona, Nueva Cádiz, 1953.

LOREDO, ELVIRA - SOTELO INCLÁN, JESÚS, *Historia de México. Etapas precortesiana y colonial*, México, Trillas, 1969.

LUCENA SALMERÓN, MANUEL, *Instrucciones dadas a los padres de la Orden de San Jerónimo, fray Luis de Figueroa, fray Bernardino de Manzanedo y fray Alonso de Santo Domingo, para la reformación de las Indias*, 1516, septiembre 3, manuscrito, "Archivo General de Indias", Indiferente General 415, libro 2.

MADARIAGA, SALVADOR, *Obras escogidas. Ensayos*, Buenos Aires, Sudamericana, 1972.

— "Presente y porvenir de Hispanoamérica", en MADARIAGA, SALVADOR, *Obras escogidas. Ensayos*, Buenos Aires, Sudamericana, 1972.

MAETZU, RAMIRO DE, *Defensa de la hispanidad*, Buenos Aires, Editorial Poblet, 1942.

MAGALHAES PITOL, ANA C., *A posse de territorios e individuos no Novo Mundo*, "Cuadernos de Clío", nº 2, Curitiba, Universidad Federal de Paraná, 2011.

MALAGÓN PINZÓN, MIGUEL, *Antecedentes hispánicos del juicio de amparo y de la acción de tutela*, "Estudios Socio-Jurídicos", Bogotá, Facultad de Jurisprudencia, Universidad del Rosario, vol. 5, nº 1, ene.-jun. 2003, p. 86.

MANSILLA, LUCIO V., *Una excursión a los indios ranqueles*, prólogo de SAÚL SOSNOWSKI, Ayacucho, Hyspamérica, 1986.

MARAVALL, JOSÉ A., *Libertad y derecho de ser hombre, pilares del pensamiento lascasiano*, "Revista El Correo de la Unesco", París, junio de 1975, p. 13.

MARGADANT, FLORIS, *El tribuno de la plebe, un gigante sin descendencia*, "Index", Nápoles, Jovene Editore, 1977, nº 7, p. 169 y siguientes.

MARIÁTEGUI, JOSÉ C., "El problema del indio", en MARIÁTEGUI, JOSÉ C., *Siete ensayos de interpretación de la realidad peruana*, Santiago de Chile, Editorial Universitaria, 1955.

— *Siete ensayos de interpretación de la realidad peruana*, Santiago de Chile, Editorial Universitaria, 1955.

MÁRQUEZ DE LA PLATA Y FERRÁNDIZ, VICENTA M., *Mujeres pensadoras, místicas, científicas, heterodoxas*, Madrid, Editorial Castalia, 2008.

MARROQUÍN, FRANCISCO, *Cartas y testamento*, Biblioteca Guatemalteca de Cultura Popular, Guatemala, Editorial José de Pineda Ibarra, 1963.

MARTIRÉ, EDUARDO, "Organización judicial indiana", en *Temas de derecho indiano*, Santa Fe, Colmegna, 1970.

MASSIAC, BARTHELEMY, *Plan francés de conquista de Buenos Aires*, investigación, introducción de MAUD DE RIDDER DE ZEMBORIAN, Buenos Aires, Emecé, 1999.

MENCHÚ, RIGOBERTA, *Un homenaje a los pueblos indígenas*, discurso pronunciado en el acto de entrega del Premio Nobel de la Paz en Oslo el 10 de diciembre de 1992, "Revista Realidad Económica", nº 114-115, feb.-may. 1993, p. 78.

MENÉNDEZ PIDAL, RAMÓN, *El padre Las Casas: su doble personalidad*, Madrid, Espasa Calpe, 1963.

— *Los españoles en la historia*, Madrid, Espasa Calpe, 1982.

MIRA CABALLOS, ESTEBAN, *La primera utopía americana: las reducciones de indios de los jerónimos en La Española (1517-1519)*, "Jahrbuch für Geschichte Lateinamerikas", Universidad de Hamburgo, nº 39, 2002, p. 9 a 35.

MIRAS ALBARRÁN, JOAQUÍN, *Res Publica. El pensamiento político de Francisco de Vitoria*, Els Arbres de Fahrenheit, biblioteca virtual, http://espai-marx.net/elsarbres/wp-content/uploads/2020/02/Res_ublica.pdf.

MIROSEVIC VERDUGO, CAMILO, *El sistema de protección de la persona durante el período indiano*, "Revista de Estudios Ius Novum", vol. 1, Facultad y Escuela de Derecho de la Pontificia Universidad Católica de Valparaíso, 2007, p. 136 y 137.

MITRE, BARTOLOMÉ, *Historia de Belgrano y de la independencia argentina*, Buenos Aires, Eudeba, 1968.

MONTAGNA, CARLOS P., *Diario de Sesiones Cámara de Diputados*, Buenos Aires, 13 de septiembre de 1939.

MONTESQUIEU, *CARTAS persas*, trad. M. R. MUÑOZ, México, Dirección General de Publicaciones, Consejo Nacional para la Cultura y las Artes, 1992.

Monumenta Histórica Societatis Iesu. Monumenta Mexicana (1570-1905), Roma, 1961.

MORELOS, JOSÉ M., *Antología documental*, Introducción, selección y notas por CARLOS HERREJÓN, México, Consejo Nacional de Fomento Educativo, Secretaría de Educación Pública, 1985.

MORENO, MARIANO, *Escritos políticos y económicos*, Buenos Aires, La Cultura Argentina, 1915.

— "Sobre la misión del Congreso, convocado en virtud de la resolución plebiscitaria del 25 de mayo de 1810", en *Escritos políticos y económicos*, Buenos Aires, La Cultura Argentina, 1915.

NEGRETE, CLAUDIO R., *Juan Bautista Tupac, el rey que Argentina pudo tener*, "Perfil", 10/7/2016.

NOVINSKY, ANITA, *Padre Antônio Vieira, a Inquisição e os judeos*, "Novos Estudos del Centro Brasileiro de Análisis y Planeamiento", San Pablo, nº 29, p. 172 a 181.

NOVOA, MAURICIO, *Defensoría del Pueblo. Aproximaciones a una institución constitucional*, Lima, Universidad de Lima, Fondo de Desarrollo Editorial, 2003.

OLASCOAGA, MANUEL, *La conquista del desierto proyectada y llevada a cabo por el Excmo. Señor Ministro de Guerra y Marina general D. Julio A. Roca. Estudio topográfico de La Pampa y Río Negro*, Buenos Aires, Editores Ostwad y Martínez, 1884.

OLIVEROS, MARTHA NORMA, *La construcción jurídica del régimen tutelar indio*, "Revista del Instituto de Historia del Derecho Ricardo Levene", nº 18, Facultad de Derecho y Ciencias Sociales de la Universidad de Buenos Aires, 1967, p. 106.

ORIQUE, DAVID, *Un muy breve relato de una vida muy larga: Bartolomé de Las Casas (1484-1566)*, "Itinerantes. Revista de Historia y Religión", nº 7, Tucumán, Universidad del Norte Santo Tomás de Aquino, 2017, p. 93 y 94.

OROÑO, NICASIO V., *Diario de Sesiones Cámara de Diputados de la Nación*, Buenos Aires, 3 de septiembre de 1863.

ORTIZ, FRANCISCO, *Diario de Sesiones Cámara de Diputados*, Buenos Aires, 24 de agosto de 1885.

OSSORIO, ÁNGEL, *El pensamiento vivo de Fray Francisco de Vitoria*, Buenos Aires, Losada, 1943.

OTERO SILVA, MIGUEL, "¿Era loco Lope de Aguirre?", en OTERO SILVA, MIGUEL, *Escritos periodísticos*, Caracas, Editorial CEC Los libros de El Nacional, 1998.

— *Escritos periodísticos*, Caracas, Editorial CEC Los libros de El Nacional, 1998.

OTS CAPDEQUÍ, JOSÉ M., *Manual de historia del derecho español en las Indias*, Buenos Aires, Losada, 1945.

PAÉZ, JORGE, *La conquista del desierto*, Buenos Aires, Centro Editor de América Latina, 1970.

PAGE, CARLOS A., *Los primeros misioneros jesuitas entre guaraníes y la experiencia de las aldeias en el Brasil*, "Historia Unisinos", Universidade do Vale do Río dos Sinos, São Leopoldo, vol. 20, nº 1, 2016, p. 26 a 38.

PEKKA HELMEIN, JUHA, *Las Casas, los judíos, los moros y los negros*, "Cuadernos Hispanoamericanos", Instituto de Cooperación Iberoamericana, Madrid, feb. 1993, nº 512, p. 23 a 28.

PÉREZ TUDELA HUESO, JUAN (ed.), *V Opúsculos, cartas y memoriales. Obras escogidas. Biblioteca de autores españoles*, Madrid, 1958.

PERRONE MOISÉS, BEATRIZ, "Índios libres e índios escravos: os principios da legislação indigenista do periodo colonial. Seculos XVI a XVII", en CARNEIRO DA CUNHA, MANUELA, *História dos Índios no Brasil*, São Paulo, Companhia das Letras, 1992.

PETIT, EUGÈNE, *Tratado elemental de derecho romano*, trad. J. FERRÁNDEZ GONZÁLEZ, Buenos Aires, Universidad, 1994.

PICÓN SALAS, MARIANO, "Páginas hispanoamericanas", en PICÓN SALAS, MARIANO, *Viejos y nuevos mundos*, Caracas, Biblioteca Ayacucho, 1983.

— *Viejos y nuevos mundos*, Caracas, Biblioteca Ayacucho, 1983.

POMER, LEÓN, *El soldado criollo*, Buenos Aires, Centro Editor de América Latina, 1971.

PRIETO, ESTHER, *Derechos humanos de los pueblos indígenas en el marco del convenio 169 de la OIT*, Paraguay: Iniciativa Amotocodie, Filadelfia, 2006.

Provisiones, cédulas capítulos de ordenanzas, instrucciones y cartas libradas y despachadas en diferentes tiempos por sus majestades..., Libro Quarto, Madrid, Imprenta Real, 1596.

QUINZO FIGUEIREDO, JORGE M., *El ombudsman. El defensor del pueblo*, Santiago de Chile, Editorial Jurídica de Chile, 1992.

Recopilación de las leyes de los reinos de las Indias, Libro II, Título 18, Ley 34, 5ª ed., Madrid, Boix Editor, 1841.

RIBEIRO, JOÃO UBALDO, *Vida o povo brasileiro*, 5ª ed., Río de Janeiro, Editora Nova Frontiera, 1984.

RICCIARDI, GIOVANNI, *Padre Vieira in Maranhao (1653-1661)*, "Signótica. Revista de la Facultad de Letras de la Universidad Federal de Goiás", Goiâna, nº 2, 1990, p. 65.

RISPA, RAÚL - DE LOS RÍOS, CÉSAR A. - AGUAZA, MARÍA J. (eds.), *Siglo XV*, Sevilla, Sociedad Estatal para la Exposición Universal Sevilla 92, 1992.

ROARO, JORGE, *La Escuela de Salamanca y la interpretación histórica del humanismo renacentista español*, "Disputatio, Philosophal Research Bulletin", Salamanca-Madrid, vol. 3, nº 4, 2014, p. 200.

ROBLES MENDOZA, ROMÁN, *Legislación peruana de tierras campesinas*, Lima, fondo Editorial de la Facultad de Ciencias Sociales, Universidad Nacional Mayor de San Marcos, 2002.

RODÓ, JOSÉ E., *Cinco ensayos*, Madrid, Editorial América, 1915.

— "Montalvo", en RODÓ, JOSÉ E., *Cinco ensayos*, Madrid, Editorial América, 1915.

RODRÍGUEZ, MARTÍN, *Diario de la expedición al desierto*, Buenos Aires, Editorial Sudestada, 1969.

RODRÍGUEZ CRUZ, ÁGUEDA, *La proyección de la Universidad de Salamanca en Hispanoamérica: Modelo institucional y pedagógico de las universida-*

des latinoamericanas, "Revista de Educación de Extremadura", Badajoz, Ediciones de la Universidad de Extremadura, nº 4, 2012, p. 45.

RODRÍGUEZ MOLINERO, MARCELINO, *La doctrina colonial de Francisco de Vitoria, legado permanente de la Escuela de Salamanca*, "Anuario de Filosofía del Derecho", nº 8, 1991, p. 43 a 76.

ROJAS, ABSALÓN, *Diario de Sesiones Cámara de Senadores*, Buenos Aires, 19 de agosto de 1884.

ROMERO FLORES, JESÚS, *Don Miguel Hidalgo y Costilla, padre de la independencia mexicana*, México, Botas Ediciones y Librería, 1953.

ROSATTI, HORACIO D., *La reforma de la Constitución*, Santa Fe, Rubinzal-Culzoni, 1994.

— "Status constitucional de los pueblos indígenas", en ROSATTI, HORACIO D., *La reforma de la Constitución*, Santa Fe, Rubinzal-Culzoni, 1994.

ROSENBLAT, ÁNGEL, *La población indígena de América*, Buenos Aires, Instituto de Filología de la Universidad de Buenos Aires, Institución Cultural Española, 1945.

ROUSSEAU, JEAN J., *Discours sur l'origine et les fondements de l'inégalité parmi les hommes*, Paris, Libraire Général Française, 1996.

— *Du contrat social*, Libro II, Capítulo XI, Paris, Flammarion, 2001.

RUBIO CORREA, MARCIAL A., *José de San Martín y su presencia en el Perú*, "Revista Digital Universitaria del Colegio Militar de la Nación", nº 49, mar. 2021, p. 4, en www.colegiomilitar.mil.ar/rediu/numero.php?numero=49.

RUIGÓMEZ GÓMEZ, CARMEN, *Una política indigenista de los Habsburgo: el Protector de Indios en el Perú*, Madrid, Ediciones de Cultura Hispánica, Instituto de Cooperación Iberoamericana, 1988.

RUZ BARRIO, MIGUEL Á., *El conocimiento por parte de los indígenas de la justicia novohispana. El caso de Mateo Chimalticuhtli (Cholula siglo XVI)*, "Anuario de Estudios Americanos", jul.-dic. 2009, p. 128.

SÁENZ HAYES, RICARDO, *Miguel de Montaigne*, Buenos Aires, Editorial Guillermo Kraft, 1946.

SALDÍAS, ADOLFO, *Historia de la Confederación Argentina (1881/83)*, Buenos Aires, Ediciones Clío, 1972.

SÁNCHEZ ALBORNOZ, CLAUDIO, *Españoles ante la historia*, Buenos Aires, Losada, 1969.

— "Un precursor HISPANO musulmán de Francisco de Vitoria", en SÁNCHEZ ALBORNOZ, CLAUDIO, *Españoles ante la historia*, Buenos Aires, Losada, 1969.

SÁNCHEZ-ARCILLA BERNAL, JOSÉ, *Instituciones político-administrativas de la América Hispánica (1492-1810)*, Madrid, Facultad de Derecho, Universidad Complutense, 2000.

Sánchez Domingo, Rafael, *Las Leyes de Burgos de 1512 y la doctrina jurídica de la Conquista*, "Revista Jurídica de Castilla y León", nº 28, sep. 2012, p. 17.

Sánchez Vázquez, Rafael, "Juzgado General de Indios, paradigma para hacer menos desiguales a los desiguales durante la Nueva España", en Carbonell, Miguel - Cruz Barney, Oscar (coords.), *Historia y Constitución. Homenaje a José Luis Sobranes Fernández*, México, Instituto de Investigaciones Jurídicas, Universidad Nacional Autónoma de México, 2015.

Sans, Mónica - Figueiro, Gonzalo - Bonilla, Carolina - Bertoni, Bernardo - Cappetta, Mónica - Artagaveytia, Nora - Ackermann, Elizabeth - Mut, Patricia - Hidalgo, Pedro, *Ancestría genética y estratificación social en Montevideo, Uruguay*, "Revista Argentina de Antropología Biológica", nº 23, La Plata, Asociación de Antropología Biológica Argentina, Universidad Nacional de La Plata, 2021, p. 2.

Saravia Salazar, Javier I., *La evolución de un cargo: la Protectoría de Indios en el Virreinato peruano*, "Desde el Sur", Lima, Universidad Científica del Sur, vol. 4, nº 1, 2012, p. 45.

Sarmiento, Domingo F., *Conflictos y armonías de las razas en América*, Buenos Aires, Terramar, 2011.

Schumpeter, Joseph Alois, *Historia del análisis económico*, trad. M. Sacristán, Barcelona, Ariel, 2015.

Sepúlveda, Juan Ginés, *Obras completas*, Libro XXI, Ayuntamiento de Pozoblanco, 2007, t. XIV.

Sigüenza y Góngora, Carlos, *Historias del seno mexicano*, La Habana, Fondo Editorial Casa de las Américas, 2009.

Soler Arechalde, María Á., *El diario de Colón. Aspectos comunicativos y lingüísticos del primer contacto entre europeos y americanos*, "Estudios de Cultura Náuatl", México, Instituto de Investigaciones Históricas de la Universidad Autónoma de México, nº 23, 1993, p. 143.

Solórzano Pereira, Juan de, *Política indiana*, Libro II, Capítulo XXIX, 50, Madrid, Imprenta Real de la Gazeta, 1776.

Souza Filho, Carlos F. M., *O renascer dos pobos indígenas para o direito*, Curitiba, Jurua Editora, 2012.

Steger, Hans, *La universidad en el desarrollo social de América Latina*, México, Fondo de Cultura Económica, 1974.

— *Legitimación y poder. La formación de las sociedades nacionales en América latina*, "Index. Quaderni Camerti di Studi Romanistici", Napoli, Jovene Editori, 1986, nº 14.

Stella, Alessandro - Vincent, Bernard, *Europa, mercado de esclavos*, trad. D. Barriera, "Revista Prohistoria", Rosario, año II, nº 2, 1998, p. 53 a 62.

SUÁREZ ACOSTA, JOSÉ J. - RODRÍGUEZ LORENZO, FÉLIX - QUINTERO PADRÓN, CARMELO L., *Conquista y colonización*, Tenerife, Centro de la Cultura Popular Canaria, La Laguna, 1988.

TCHERBBIS TESTA, JIMENA, *La representación de la inquisición española en las obras de Domingo Faustino Sarmiento y Vicente Fidel López: el legado colonial y el imaginario nacional*, "PolHis. Revista Bibliográfica Interuniversitaria de Historia Política", Mar del Plata, año VII, nº 14, jul.-dic. 2014, p. 2 a 37.

Temas de derecho indiano, Santa Fe, Colmegna, 1970.

Testamento de Hernán Cortés, descubierto y anotado por el P. MARIANO CUEVAS S. J., México, Imprenta del Asilo "Patricio Sanz", 1925.

THOMAS, GEORG, *Política indigenista dos portugueses no Brasil (1500-1640)*, trad. al portugués J. HORTAL, São Paulo, Ediçoes Loyola, 1968.

TODOROV, TZVETAN, *La conquista de América. El problema del otro*, trad. F. BOTTON BURLÁ, México-Buenos Aires, Siglo XXI, 2003.

TOLA, FLORENCIA - SALAMANCA, CARLOS, "Pueblos indígenas", en BIAGINI, HUGO E. - ROIG, ARTURO A. (dirs.), *Diccionario del pensamiento alternativo*, Buenos Aires, Biblos, 2008.

TOMÁS Y VALIENTE, FRANCISCO, "Las ideas políticas del conquistador Hernán Cortés", en DE SOLANO, FRANCISCO (coord.), *Proceso histórico al conquistador*, Madrid, Alianza, 1988.

— *Manual de historia del derecho español*, Madrid, Tecnos, 1992.

TOYNBEE, ARNOLD, *La gran aventura de la humanidad*, trad. A. L. BIXIO, Buenos Aires, Emecé, 1986.

UGARTE, MANUEL, *Una tarde de otoño*, París, Garnier Hermanos, 1906.

VARGAS DEL CARPIO, ANA M., *Los indios como personas miserables en Bartolomé de las Casas: la jurisdicción eclesiástica como remedio para las Indias*, "Revista de Estudios Histórico-Jurídicos", Sección Historia del Derecho Indiano, Pontificia Universidad Católica de Valparaíso, t. XVLL, p. 400.

VÁZQUEZ, JOSEFINA Z., "De la independencia a la consolidación republicana", en *Nueva historia mínima de México ilustrada*, México, El Colegio de México, 2008.

VIGO, SALVADOR C., *Reforma constitucional argentina*, Paraná, Editorial Nueva Impresora, 1950.

VILLEGAS PÁUCAR, SAMUEL A., *Las Cortes de Cádiz y la cuestión indígena (1808-1814)*, "Revista de Antropología", Lima, Universidad Nacional Mayor de San Marcos, año V, nº 5, 2007, p. 210.

VILLEY, MICHEL, *L'idee de droit subjectif et le sistemes juridiques romains*, "Revue de Droit Français et Étrangers", nº 24, Paris, Dalloz, 1948, p. 203.

ZACU MBOROVAICHI, BIENVENIDO, "La problemática en Bolivia", en *Derechos humanos de los pueblos indígenas*, Asunción, Fondo Especial de apoyo a las Defensorías del Pueblo de América Latina y el Caribe y Defensoría del Pueblo de Paraguay, 2007.

ZANARDINI, JOSÉ, "Aspectos esenciales de los pueblos indígenas", en *Derechos humanos de los pueblos indígenas*, Fondo Especial de apoyo a las Defensorías del Pueblo de América Latina y el Caribe y Defensoría del Pueblo de Paraguay, 2007.

ZEA, LEOPOLDO, *América Latina y el mundo*, Buenos Aires, Eudeba, 1965.

ZORRAQUÍN BECÚ, RICARDO, *Los derechos indígenas*, "Revista de Historia del Derecho", Buenos Aires, Instituto de Investigaciones de Historia del Derecho, nº 14, 1986, p. 428.